DIÄT HEUTE
ärztlich geprüft · gut gekocht

Herausgegeben von Prof. Dr. N. Zöllner
und Prof. Dr. G. Wolfram

FALKEN

Thienemanns Diätkochbücher im FALKEN Verlag

DIÄT HEUTE
ärztlich geprüft · gut gekocht

Prof. Dr. med. Peter Dieterle

Diät bei Zuckerkrankheit

Völlig überarbeitete Auflage

Einführung von
Prof. Dr. med. Peter Dieterle
Chefarzt der 3. Medizinischen Abteilung
des Städtischen Krankenhauses
München – Neu-Perlach

Rezeptteil von Brigitte Zöllner, Diätassistentin und Redakteurin
unter Mithilfe von Veronika Groß

FALKEN

DIÄT HEUTE
ärztlich geprüft · gut gekocht

Herausgegeben von Prof. Dr. N. Zöllner und
Prof. Dr. G. Wolfram

Lieferbare Titel:

Band 1 Diät bei Krankheiten des Magens und Zwölffingerdarmes (3201)

Band 2 Diät bei Herzkrankheiten und Bluthochdruck (3202)

Band 3 Diät bei Erkrankungen der Nieren, Harnwege und bei Dialysebehandlung (3203)

Band 4 Richtige Ernährung, wenn man älter wird (3204)

Band 5 Diät bei Gicht und Harnsäuresteinen (3205)

Band 6 Diät bei Zuckerkrankheit (3206)

Band 7 Diät bei Krankheiten der Gallenblase, Leber und Bauchspeicheldrüse (3207)

Band 8 Diät bei Störungen des Fettstoffwechsels und zur Vorbeugung der Arteriosklerose (3208)

Band 9 Diät bei Übergewicht (3209)

Band 11 Diät bei Darmkrankheiten (3211)

Band 12 Ballaststoffreiche Kost bei Funktionsstörungen des Darms (3212)

CIP-Titelaufnahme der Deutschen Bibliothek

Dieterle, Peter:
Diät bei Zuckerkrankheit / Einf. von Peter Dieterle. Rezeptteil von Brigitte Zöllner. – 46. Aufl. – Niedernhausen/Ts.: Falken-Verl., 1988
(Diät heute) (Thienemanns Diätkochbücher)
(Falken-Bücherei)
ISBN 3-8068-3206-4
NE: Zöllner, Brigitte:

ISBN 3 8068 3206 4

Titelbild und Fotos: TLC-Foto-Studio GmbH, Bocholt

Satz: LibroSatz, Kriftel bei Frankfurt
Druck: Freiburger Graphische Betriebe, Freiburg

817 2635 4453

Inhalt

Vorwort

Der Diabetes mellitus hat in den Nachkriegsjahren in allen Industriestaaten enorm an Häufigkeit zugenommen. Diese Zunahme steht eng mit den veränderten Umweltbedingungen, insbesondere **geänderten Ernährungsgewohnheiten,** in Zusammenhang. Exakte Daten über die Zahl der Diabeteskranken in der Bundesrepublik Deutschland liegen nicht vor. Aufgrund vieler Untersuchungen der letzten Jahre in verschiedenen Ländern ergibt sich für Nordamerika und die meisten europäischen Staaten eine Häufigkeit um 4%. Nach Angaben der pharmazeutischen Industrie sollen über 2 Millionen Zuckerkranke in der Bundesrepublik blutzuckersenkende Tabletten einnehmen. Darüber hinaus weiß man, daß 400 000 Typ-II-Diabetiker und 100 000 Typ-I-Diabetiker Insulin erhalten.

Behandlungsziel bei der Erkrankung Diabetes ist die weitgehende **Normalisierung der auftretenden Stoffwechselveränderungen.** Wir streben an, die Krankheit Diabetes den Stoffwechselverhältnissen eines Gesunden anzugleichen. Dieses Ziel kann erreicht werden!

Grundlage jeder Diabetesbehandlung ist die Diät. Selbst wenn eine zusätzliche Behandlung mit Insulin oder Tabletten notwendig wird, ist diese stets auf die Diät abgestimmt. Die Diätbehandlung wird weitgehend vom Patienten selbst gesteuert. Um sie richtig durchzuführen, muß sich der Diabetiker mit der Ernährungslehre auseinandersetzen. Eine sachgerechte Diät erfordert auch eine Anpassung der Lebensgewohnheiten an das Stoffwechselleiden. Um diese Lebensveränderungen einzusehen und zu befolgen, muß der Diabetiker von der Notwendigkeit einer Diät überzeugt werden. Überzeugen kann man am besten durch Vermittlung von Wissen. Deshalb sollte jeder Zuckerkranke möglichst umfassend über Ursache, Verlauf und Behandlung des Diabetes mellitus informiert sein.

Es kann und soll nicht verschwiegen werden, daß im Verlauf eines Diabetes Komplikationen, besonders an den Gefäßen, auftreten können. Allerdings werden diese Komplikationen in erster Linie bei schlecht eingestellten Diabetikern beobachtet. Diabetische Ärzte zum Beispiel erkranken seltener an Zuckerkomplikationen als Laien. Ärzte werden aber keineswegs besser behandelt. Sie kennen jedoch die Krankheit Diabetes und wissen um die Notwendigkeit einer guten Diabeteseinstellung, d. h. die Normalisierung erhöhter Blutzuckerwerte.

Es ist nutzlos, bei der Diagnose Diabetes mit dem Schicksal zu hadern oder es als unabwendbar anzusehen. Besser ist es, ein umfassendes Wissen über die Krankheit zu erwerben und das Erworbene anzuwenden. Die aktive Auseinandersetzung mit der Krankheit soll Bedingungen wie beim Stoffwechselgesunden schaffen.

Was ist Diabetes?

Der Diabetes mellitus ist eine **chronische Stoffwechselstörung,** die verschiedene Ursachen hat. Diabetes kann man erben oder erwerben. Aufgrund der verschiedenen Krankheitsursachen wird der Diabetes in Subtypen unterteilt (siehe später). Allen Diabetestypen gemeinsam sind ein erhöhter Blutzuckerspiegel und eine Zuckerausscheidung im Urin. Jeder Mensch hat Zucker im Blut, und Zucker im Urin wird immer ausgeschieden, wenn der Zucker im Blut eine gewisse Konzentration, die sogenannte Nierenschwelle, überschreitet.

„Zucker" ist ein übergeordneter Begriff für eine Reihe chemisch verwandter Substanzen, die wir auch als Kohlenhydrate bezeichnen. Hierzu folgen Erläuterungen in späteren Textpassagen. Die im Blut vorkommende Form der Kohlenhydrate ist die Glukose, auch als Traubenzucker bekannt. Diese Glukose im Blut, der sogenannte Blutzucker, ist als lebenswichtiger Energiespender für unser Gehirn, für die Blutzellen, für Muskel- und Fettgewebe sowie für Leber und Niere notwendig. Erst wenn die Konzentration des Blutzukkers ständig den Normalbereich übersteigt, ist die Gesundheit tatsächlich in Gefahr.

Beim **Gesunden** wird der Blutzucker durch die Einwirkung von Hormonen innerhalb enger Grenzen konstant gehalten, ähnlich wie ein Thermostat die Zimmertemperatur auf einem bestimmten Niveau aufrechterhält. So werden ansteigende Blutzuckerwerte durch das in der Bauchspeicheldrüse gebildete **Insulin** gesenkt, während bei einem drohenden Abfall des Blutzuckers die gegenregulatorischen Hormone für einen Anstieg Sorge tragen.

Beim Diabetes mellitus besteht nun aber ein **Insulinmangel,** so daß erhöhte Blutzuckerspiegel durch die ungenügende Insulinproduktion in der Bauchspeicheldrüse nicht mehr gesenkt werden. Die Folge sind überhöhte Zuckerkonzentrationen im Blut, die bei Überschreiten der Nierenschwelle zu einer Zuckerausscheidung im Urin führen.

Der **Insulinmangel** steht im Mittelpunkt der Erkrankung Diabetes. Die bekannteste Funktion des Insulins besteht in einer **Blutzuckersenkung,** also in einer Absenkung des Glukosegehaltes im Blut. Diese Senkung kommt durch eine Aufnahme von Glukose in das Muskel- und Fettgewebe und durch eine Hemmung der Glukoseabgabe aus der Leber zustande. Unter dem Einfluß von Insulin wird ein Teil der aufgenommenen Glukose zur Energiegewinnung verbrannt; überschüssig aufgenommene Glukose wird in Form von Muskel- und Leberstärke (Glykogen) gespeichert.

Unter dem Einfluß von Insulin kann mit der Nahrung überschüssig aufgenommene Glukose auch in Fett umgewandelt und im Fettgewebe abgelagert. **Insulin begünstigt also auch den Fettaufbau.** Vermehrter Fettaufbau führt zu Übergewicht. Bei Übergewichtigen kommt es zu einer sogenannten Insulinresistenz, das heißt um den Blutzucker auf dem gleichen Niveau wie bei Normalgewichtigen zu halten, ist mehr Insulin notwendig. Dementsprechend haben **Übergewichtige gegenüber Normalgewichtigen erhöhte Insulinspiegel im Blut.**

Die Hormonwirkung des Insulins wird durch Rezeptoren an der Zelloberfläche vermittelt. Ohne diese Rezeptoren kann Insulin nicht wirken. Bei hohen Insulinspiegeln (Übergewicht) vermindert sich die Zahl der Rezeptoren, so daß die Insulinwirkung abnimmt. Dies ist auch die Ursache, warum sich **mit zunehmendem Übergewicht ein Diabetes verschlechtert.** Umgekehrt kommt es schon nach kurzem Fasten, und dann natürlich in verstärktem Umfang nach längerfristigem Fasten, zu einem Anstieg der Rezeptorenzahl an der Zelloberfläche. Eine **Gewichtsreduktion** bei übergewichtigen Diabetikern führt also zu einer verbesserten Insulinwirkung und damit fast gesetzmäßig auch zu einer Besserung des Diabetes.

Auch **körperliche Bewegung** hat den gleichen günstigen Effekt und sollte vom Diabetiker neben der Diät regelmäßig durchgeführt werden.

Die Einteilung des Diabetes mellitus

Die Weltgesundheitsorganisation (WHO) teilte 1985 die Krankheit folgendermaßen ein:

Diabetes mellitus

- insulinabhängiger Diabetes (Typ-I-Diabetes)
- nicht insulinabhängiger Diabetes (Typ-II-Diabetes)
  a) ohne Übergewicht
  b) mit Übergewicht
- durch Mangelernährung bedingter Diabetes
- Diabetes bei anderen Erkrankungen, zum Beispiel
  bei Bauchspeicheldrüsenentzündung
  bei hormonellen Störungen oder
  durch Medikamente oder chemische Substanzen ausgelöst

Gestörte Glukosetoleranz

Schwangerschaftsdiabetes

Die beiden Hauptformen des idiopathischen Diabetes, der Typ-I- und Typ-II-Diabetes, sind nach Ursache und klinischem Erscheinungsbild unterschiedliche Krankheitsbilder. Obwohl die WHO diese Einteilung nicht mehr verwendet, wird in Deutschland weiterhin in einen Typ-I- und Typ-II-Diabetes eingeteilt. Das Festhalten an dieser Einteilung dient unter anderem der exakteren Abgrenzung voneinander: So kann ein Typ-II-Diabetiker, der zu Krankheitsbeginn nicht insulinabhängig ist, im weiteren Verlauf insulinabhängig werden. Dennoch bleibt er ein Typ-II-Diabetiker.

Der **Typ-I-Diabetes** ist eine chronische

Autoimmunerkrankung, die zur Selbstzerstörung der insulinproduzierenden Zellen in der Bauchspeicheldrüse führt. Bei Krankheitsausbruch sind bereits 80 bis 90 % dieser Zellen zerstört. Es ist nach wie vor unklar, was diese Immunreaktion auslöst. Virusinfekte werden diskutiert. Aufgrund der Zerstörung der insulinproduzierenden Zellen besitzt der Typ-I-Diabetiker keine eigenen Insulinreserven. Er ist abhängig von der exogenen Zufuhr, also von Insulininjektionen. Es besteht also ein echter oder ein absoluter Insulinmangel. Die fast immer schlanken Personen erkranken meist vor dem 40. Lebensjahr. Quälender Durst, eine Harnflut und Gewichtsverlust sind charakteristische Anfangssymptome.

Neben den noch unbekannten äußeren Faktoren, die zur Selbstzerstörung des insulinproduzierenden Apparates führen, spielen beim Typ-I-Diabetes auch Erbeinflüsse eine Rolle. Beträgt die Krankheitshäufigkeit in der mitteleuropäischen Bevölkerung zum Beispiel 0,3 bis 0,6 %, so steigt sie auf 5 % bei Angehörigen und auf etwa 30 % bei eineiigen Zwilligen von Patienten mit Typ-I-Diabetes. Sind beide Eltern an einem Typ-I-Diabetes erkrankt, beträgt das Diabetesrisiko der Kinder etwa 20 %. In den letzten Jahren konnten sogenannte genetische Marker nachgewiesen werden. Es handelt sich dabei um genetische Faktoren, bei deren Vorhandensein das Risiko zunimmt, an einem Typ-I-Diabetes zu erkranken. Wenngleich mit diesen Markern in Zukunft möglicherweise Risikopersonen frühzeitig erfaßt werden können, spielt sie derzeit für die Behandlung des Diabetes noch keine entscheidende Rolle.

Beim **Typ-II-Diabetes** bleibt der insulinproduzierende Apparat zeitlebens weitgehend erhalten. Zu Krankheitsbeginn lassen sich bei diesem Diabetestyp ein normaler oder gar erhöhter Insulinspiegel im Blut nachweisen. Dieses Insulin vermag aber nicht mehr die erhöhten Blutzuckerwerte zu normalisieren. Man spricht von einer Insulinresistenz oder einem relativen Insulinmangel, weil das vorhandene, körpereigene Hormon unzureichend wirkt.

Der Krankheitsbeginn ist meist nicht so dramatisch wie beim Typ-I-Diabetes. Vielfach wird der Diabetes zufällig entdeckt. Umweltfaktoren, insbesondere Übergewicht, spielen bei der Krankheitsentwicklung eine zusätzliche Rolle. Zunehmendes Übergewicht verstärkt das mangelnde Ansprechen der eigenen Insulinreserven. Umgekehrt wird durch Reduktion oder Normalisierung des Übergewichts das körpereigene Insulin wieder wirksamer. Infolgedessen ist der Typ-II-Diabetes meist erfolgreich mit einer (Reduktions-) Diät allein oder auch in Kombination mit Tabletten zu behandeln.

Aus Zwillings- und aus Familienuntersuchungen ist eine starke genetische Komponente beim Typ-II-Diabetes bekannt. Erkrankt zum Beispiel ein Zwilling an einem Typ-II-Diabetes, so beträgt die Krankheitswahrscheinlichkeit für den Zwillingspartner 75 bis 90 %. Genetische Marker konnten im Unterschied zum Typ-I-Diabetes bislang nicht nachgewiesen werden. Der Typ-II-Diabetes ist außerdem wesentlich häufiger als der Typ-I-Diabetes. Das Verhältnis beträgt etwa 15 zu 1.

Der durch **Mangelernährung** bedingte Diabetes unterscheidet sich von den beiden geschilderten Typen und kommt vorwiegend in tropischen und subtropischen Ländern der dritten Welt vor.

Schließlich können andersartige Erkrankungen, wie eine Bauchspeicheldrüsenentzündung oder Überfunktionszustände von Hormondrüsen, zu einem Diabetes führen. Auch in der Schwangerschaft, die durch Veränderungen im Hormonhaushalt gekennzeichnet ist, kommt es bei etwa 1% der bislang gesunden Frauen zum ersten Auftreten eines Diabetes.

Übergewicht – der wichtigste Belastungsfaktor

Unter den Faktoren, die bei vorhandener diabetischer Erbanlage die Zuckerkrankheit auslösen können, spielt das Übergewicht die größte Rolle. Wie bereits ausgeführt, werden überschüssig aufgenommene Kalorien vom Organismus unter Einwirkung von Insulin in Fett umgewandelt und im Fettgewebe deponiert und mit zunehmendem Übergewicht wird immer mehr Insulin benötigt, um weiteres Fett in den Fettspeichern abzulagern. Bei vorhandener diabetischer Erbanlage ist aber eine ständige Mehrproduktion von Insulin nicht möglich. **Infolgedessen steigt mit zunehmendem Übergewicht das Risiko, einen Diabetes zu entwickeln auf das 5- bis 10fache.** Es nimmt daher nicht wunder, daß die Diabeteshäufigkeit – verglichen mit den mageren Kriegs- und Nachkriegsjahren – mit der Zunahme der Fettleibigkeit in unserer Wohlstandsgesellschaft sprunghaft in die Höhe geschnellt ist.

Schließlich belegt die Tatsache, daß 80 bis 90% aller Diabetiker Typ-II-Diabetiker zum Zeitpunkt der Diagnose übergewichtig sind, die Bedeutung der Fettleibigkeit für die Diabetesauslösung. Leider wird gerade zu Beginn eines Diabetes mellitus noch viel zu wenig Gebrauch von der effektvollsten Therapie gemacht: **der Gewichtsreduktion beziehungsweise -normalisierung.**

Die Diabeteseinstellung

Bei Blutzuckerentgleisungen müssen wir akute von chronischen Gefahren deutlich abgrenzen.

Ein plötzlicher Blutzuckeranstieg über 500 mg/100 ml und mehr – wie er fast ausschließlich beim insulinpflichtigen Typ-I-Diabetes vorkommt – birgt die Gefahr des **Zuckerkomas** in sich, das heißt der Bewußtlosigkeit infolge Überzuckerung, Übersäuerung und Austrocknung. Diese akute Zuckerentgleisung geht mit Beschwerden wie Übelkeit, Erbrechen, Bauchschmerzen und schließlich Bewußtlosigkeit für den Patienten einher, so daß aufgrund dieser Symptome rasche Hilfe erfolgen muß.

Chronische Blutzuckerentgleisungen, das heißt ständig überhöhte Blutzuckerwerte zwischen 200 und 300 mg/100 ml, verursachen hingegen häufig keinerlei Unbehagen in der Erlebniswelt des Patienten. Aufgrund der subjektiven Beschwerdefreiheit werden diese chronisch erhöhten Blutzuckerwerte häufig vom Patienten bagatellisiert und präsentieren erst nach vielen Jahren ihre schreckliche Rechnung. Es besteht heute kein Zweifel, daß schlecht eingestellte Diabetiker vermehrt durch **Spätkomplikationen wie einen Herzinfarkt, eine Erblindung, ein Nierenversagen oder Durchblutungsstörungen an den Beinen** bedroht sind. Das Wissen um die möglichen Spätkomplikationen sollte daher genügend Anreiz zu einer allzeit guten Diabeteseinstellung geben, da durch eine gute Einstellung diese Komplikationen verhindert oder zumindest erheblich verzögert werden können. **Das Vorbeugen** – die Prophylaxe – ist ungeheuer wichtig, um die Gesundheit und die Arbeitsfähigkeit des Diabetikers zu erhalten. Ein guter Teil dieser Prophylaxe wird vom Diabetiker selbst getragen!

Die Selbstkontrolle

Ähnlich wie das Einhalten einer sachgerechten Diät sollte die Selbstkontrolle dem Diabetiker zur Gewohnheit werden. **Eine ständig gute Stoffwechseleinstellung verhindert beim Diabetiker mit hoher Wahrscheinlichkeit auch die Spätschäden am Gefäßsystem.** Regelmäßige vier- bis achtwöchige ärztliche Kontrollen allein können eine allzeit gute Einstellung nicht gewährleisten. Die Stoffwechselsituation des Diabetikers kann sich beispielsweise durch geänderte körperliche Aktivität oder durch hinzukommende Infektionen in kürzester Zeit ändern.

Durch regelmäßige Prüfung des Harns auf Urinzucker kann sich der Diabetiker rasch ein Bild über die eigene Stoffwechselsituation machen. Für diesen Zweck gibt es eine Reihe von Teststäbchen oder Testtabletten auf dem Markt, die zum Teil nur qualitativ eine Ja-Nein-Antwort, zum Teil aber recht genau auch quantitativ den Prozentgehalt des Zuckers im Harn ergeben. Das Ergebnis sollte schriftlich fixiert und dem Arzt bei der nächsten Kontrolle vorgelegt werden. Eine ständige Zuckerfreiheit im Harn bei Wohlbefinden bedeutet gute Stoffwechseleinstellung. Beträgt dagegen die Zuckerausscheidung **über mehrere Tage 1 bis 2% (= 1–2 g/100 ml) und mehr,** so ist eine Therapieänderung anzustreben. Bei hoher Zuckerausscheidung empfiehlt sich auch der Test auf Aceton, das eine drohende Stoffwechselentgleisung anzeigt und einen baldigen Arztbesuch erfordert. Die Art und die Häufigkeit des Urinzuckertests besprechen Sie mit Ihrem Arzt. Insulinspritzende, instabile Diabetiker sollten regelmäßig Blutzuckerselbstmessungen durchführen, um die Insulinmenge an die jeweilige Stoffwechselsituation anpassen zu können. Dies gilt insbesondere für Insulinpumpenträger und auch für Diabetiker, die eine intensivierte, konventionelle Therapie mit täglich 3–5 Insulininjektionen (zum Beispiel mit Hilfe des „Pen") durchführen. Für die Blutzuckerselbstkontrolle stehen verschiedene Teststäbchen zur Verfügung, die entweder farbvergleichend abgelesen oder in Geräten ausgewertet werden können.

Die diätetische Behandlung des Diabetes

Die Grundlage der Behandlung des Typ-I- und Typ-II-Diabetes (Jugendlichen- und Erwachsenendiabetes) ist eine sachgerechte Diät. Die Diabetesdiät ist eine gesunde Kost, die auch von den Angehörigen eines Diabetikers eingehalten werden kann. Vielfach wird eine Diät mit einer Hungerkost gleichgesetzt. Dies trifft keineswegs zu, da man mit einer Diät lediglich für die Erkrankung ungünstige Nahrungsmittel einschränkt beziehungsweise vermeidet. Es muß allerdings einschränkend gesagt werden, daß bei dem so häufigen Übergewicht der Diabetiker eine kalorienreduzierte Kost mit dem Ziel einer Normalisierung des Körpergewichtes eingehalten werden muß.

Normalisierung des Körpergewichts

Das wichtigste Ziel jeglicher diätetischer Diabetes-Therapie ist die Normalisierung des Körpergewichts. Das bedeutet für die Mehrzahl der Diabetiker eine Reduktionskost.

Was versteht man unter Normalgewicht? Das Normalgewicht wird gemeinhin nach der Brocaschen Formel errechnet, das heißt **Körpergröße in cm minus 100 ergibt das Normalgewicht in kg (bei Frauen 10% weniger).** Bei einem 170 cm großen Mann beträgt das Normalgewicht demnach 70 kg, bei einer gleich großen Frau 63 kg. Übergewichtige Diabetiker sollten also durch eine unterkalorische Ernährung Normalgewicht anstreben. Wie mehrfach erwähnt, zählt die Gewichtsreduktion beim Typ-II-Diabetes zu den effektvollsten Behandlungsmöglichkeiten.

Spezielle Diabetesdiät

Wir unterscheiden drei Hauptnährstoffe, nämlich die Kohlenhydrate oder Zucker, die Fette und Eiweiß. Daneben gibt es noch die Gruppe der Mineralstoffe und der Vitamine, die jedoch bei einer ausgewogenen Diabeteskost in ausreichender Menge in den Nahrungsmitteln vorkommen, so daß auf diese Stoffgruppen hier nicht eigens eingegangen zu werden braucht.

Die Kohlenhydrate

Die Kohlenhydrate (KH) oder Zucker werden vorwiegend mit pflanzlichen Lebensmitteln aufgenommen. Am wichtigsten sind die stärke- und zuckerhaltigen Produkte wie Kartoffeln, Obst, Gemüse, Brot, Mehl und Teigwaren. Im Fleisch befinden sich nur unbedeutende Mengen an Kohlenhydraten in Form von Glykogen. Hingegen ist der Kohlenhydratgehalt der Milch beträchtlich.

Als einfache oder reine Kohlenhydrate

werden **Monosaccharide** wie Glukose (Traubenzucker), Fruktose (Fruchtzucker) und Galaktose bezeichnet. Außerdem spielen in der Ernährung **Disaccharide** wie Saccharose (Rohrzucker), Maltose (Malzzucker) und Laktose (Milchzucker) eine wichtige Rolle. Diese einfachen oder reinen Kohlenhydrate müssen wir von den **zusammengesetzten lang- und verzweigtkettigen Kohlenhydraten** (Polysaccharide, Stärke, Glykogen) abgrenzen. Die zusammengesetzten Kohlenhydrate bestehen aus vielen Einfachzuckerbausteinen vom Glukosetyp, die durch Verbindungen zu einem dreidimensionalen, räumlichen Gebilde miteinander vernetzt sind.

Nach Nahrungsaufnahme müssen diese Kohlenhydrate durch die Verdauungssäfte erst nach und nach aufgeschlossen und in ihre Bausteine zerlegt werden. Der Übertritt der Bausteine in die Blutbahn erfolgt langsam und führt deshalb zu einem verzögerten Blutzuckeranstieg.

Dagegen werden die Monosaccharide Glukose und Galaktose, wie auch die Disaccharide, sehr schnell in die Blutbahn aufgenommen, so daß sie zu einem raschen unerwünscht hohen Blutzuckerspiegel führen. Sie sind deshalb in der Diabetesdiät nicht erwünscht beziehungsweise nicht erlaubt. Dieses Verbot erstreckt sich auch auf alle diese Kohlenhydrate enthaltenden Speisen und Getränke wie Limonaden, Schokolade, Kuchen, Torten, Kekse, Bonbons, Pralinen, Honig, gewöhnliche Marmeladen, überreifes Obst, Feigen, Weintrauben, Dörrobst, süße Weine, Liköre, süße Schnäpse, Sekt und gewöhnliches Bier.

Es mag zwar paradox erscheinen, daß Glukose nicht erlaubt sein soll, obwohl Glukose in der Blutbahn kreist. Die rasche Aufnahme dieses Zuckers in die Blutbahn und der daraus resultierende überschießende und unerwünschte Blutzuckeranstieg machen dieses Verbot aber verständlich.

Gerade diese sonst „verbotenen" Kohlenhydrate sind aber im Falle einer Hypoglykämie (Unterzuckerung) lebenswichtig, da sie die akute Gefahr rasch beseitigen können.

Deshalb sollte man Glukose stets für den Fall einer Hypogolykämie bei sich tragen.

(Bei Diabetikern, die ausschließlich mit Diät behandelt werden, treten Hypoglykämien nicht auf.)

Die Süßungsmittel

Viele Diabetiker können und sollen auf eine Süßung ihrer Speisen und Getränke nicht verzichten. Infolgedessen spielen Süßungsmittel in der Diabetesdiät eine gewichtige Rolle. Die **Süßstoffe** Cyclamat, Saccharin und Aspartame enthalten keine Kalorien (müssen also nicht berechnet werden) und benötigen für ihren Stoffwechsel kein Insulin.

Mitteilungen über die Entstehung von Krebserkrankungen nach Genuß von Cyclamat haben sich als unrichtig herausgestellt. Die Anwendung dieser Süßstoffe ist also erlaubt und besonders für die Übergewichtigen unter den Diabetikern zu empfehlen.

Die sogenannten **Zuckeraustauschstoffe** Sorbit, Fruchtzucker und Xylit benötigen akut für ihre Verwertung weniger Insulin als andere Zucker.

Beim absoluten Insulinmangel des Typ-I-Diabetes kommt es allerdings auch nach Genuß dieser ansonsten unschädlichen Diätzucker zu einem beträchtlichen Blutzuckeranstieg, während die Typ-II-Diabetiker es mit ihrem relativen Insulinmangel größere Mengen dieser Austauschzucker ohne wesentliche Blutzuckerschwankungen zu sich nehmen können. Im allgemeinen sollten pro Tag nicht mehr als 40–50 g Zuckeraustauschstoffe genossen werden. Die Zuckeraustauschstoffe müssen in der Kost sowohl als Kohlenhydrate als auch als Kalorien berechnet werden. Außerdem führt der Genuß von Zuckeraustauschstoffen – vor allem von Sorbit und Xylit – häufig zu Blähungen und Durchfällen, die bei empfindlichen Personen bereits nach einem Brotaufstrich mit einer Diabetikermarmelade auftreten können.

In Deutschland verbreitete Süßungsmittel sind zum Beispiel Süßstoffe (nicht zu berechnen):

Assugrin, Süssin, Flarom, Schneekoppe Süßkraft, Lihn Diät-Süsser, Ilgonetten, Natreen, Sukrinetten, Süßstoff Bayer, Süßstoff Hoechst, Sacchillen Bayer Süßstoff, Canderel u. a. m.

Zuckeraustauschstoffe (müssen als Kohlenhydrate berechnet werden):

Rademann Fruchtzucker, Fructosan, Vitatrose, Laevorel, Sionon, Flarom Diät-Fruchtzucker u. a. m.

(Diese Aufzählung erhebt keinen Anspruch auf Vollständigkeit)

Die Berechnung der Kohlenhydrate

Der Umgang mit den erlaubten Kohlenhydraten bereitet erfahrungsgemäß die größten Schwierigkeiten in der Diabetesdiät. Die Schwierigkeiten beruhen darauf, daß der Kohlenhydratgehalt in den einzelnen Nahrungsmitteln sehr unterschiedlich ist. Infolgedessen ist **eine Diät ohne Berechnung und ohne Waage nicht möglich.** – Die Berechnung erlaubt innerhalb gleicher Nährstoffgruppen viele Möglichkeiten eines Nahrungsmittelaustausches, so daß die Diät abwechslungsreich gestaltet werden kann.

Kohlenhydrate werden in Gramm (g) oder im deutschsprachigen Raum nach **Broteinheiten** (BE) berechnet. Der Begriff „Broteinheit“ bedeutet keineswegs, daß der Diabetiker Kohlenhydrate nur in Form von Brot zu sich nehmen darf. Dem Diabetiker erlaubte Kohlenhydrate sind auch in vielen anderen Nahrungsmitteln enthalten. Der Begriff der Broteinheit wurde von Diabetesspezialisten lediglich als einfache Rechengröße gewählt. Er besagt, daß **alle Nahrungsmittel, die den gleichen Kohlenhydratgehalt wie eine Scheibe Schwarzbrot enthalten, untereinander austauschbar sind.**

Eine BE enthält jeweils 12 g verwertbare Kohlenhydrate und entspricht beispielsweise einer dünnen Scheibe Schwarzbrot von 25 g Gewicht. Eine Kartoffel von 65 g Gewicht enthält ebenfalls 12 g Kohlenhydrate (1 BE) und ist deshalb ohne weiteres gegen die Scheibe Schwarzbrot oder gegenüber anderen Kohlenhydraten wie Gemüse, Obst, Reis, Nudeln, Mehl, Grieß, Haferflocken austauschbar, sofern

deren Menge ebenfalls **12 g Kohlenhydrate (1 BE)** enthält.
Da die Gewichte kohlenhydrathaltiger Nahrungsmittel stets größer sind als ihr Kohlenhydratgehalt (Extrembeispiel Kartoffel!), muß man sich in den Tabellen (siehe Seite 19) über einen gleichwertigen Austausch informieren.
Der **Austausch kohlenhydrathaltiger Nahrungsmittel sollte innerhalb bestimmter Gruppen durchgeführt werden,** also Teigwaren gegen Teigwaren und Obst gegen Obst. Infolgedessen sind die Tabellen nach zusammengehörigen Gruppen geordnet.
Eine ganze Reihe von Nahrungsmitteln sind in ihrem Kohlenhydratgehalt so gering, daß sie entweder bis zu einer Gesamtmenge von 200 g oder gänzlich ohne Anrechnung des Kohlenhydratanteiles verzehrt werden können (siehe Tabelle Seite 20).
Etliche dieser Nahrungsmittel wie Gemüse und Salate enthalten sogenannte Ballaststoffe. **Ballaststoffe** sind unverdauliche Quell- und Füllsubstanzen, die nicht nur wegen ihrer Quellfähigkeit ein Sättigungsgefühl vermitteln, sondern auch die Darmtätigkeit anregen.
In der Diabetesdiät haben sie sich in den letzten Jahren als günstig erwiesen, da sie die Aufnahme verwertbarer Kohlenhydrate in die Blutbahn verzögern und damit den Blutzuckeranstieg nach der Nahrungsaufnahme verringern. Man sollte sich deshalb in der Diabetesdiät bemühen, **ballaststoffreichen Nahrungsmitteln den Vorzug zu geben.** Das in den letzten Jahren sehr beliebt gewordene Müsli (rohe Getreidezubereitungen angereichert mit Obst) ist auch für den Diabetiker zu empfehlen. Weitere ballaststoffreiche Lebensmittel sind zum Beispiel: Vollkornbrot, Grahambrot, Leinsamenbrot, Kleiebrötchen, Knäckebrot, Haferkekse, Roggengebäck, Weizenkleie, Leinsamenkörner, Haferflocken, Corn-flakes, Obst, Gemüse und Salate.

Viele kleine Mahlzeiten

Wie werden die vom Arzt vorgeschriebenen Kohlenhydrate über den Tag verteilt? Werden beispielsweise 15 BE (= 180 g Kohlenhydrate) wie üblich auf 3 Mahlzeiten zu je 60 g Kohlenhydrate verteilt, so kommt es naturgemäß zu höheren Blutzuckerspitzen, als wenn die gleiche Menge von 15 BE auf 5–6 Mahlzeiten aufgeteilt wird. **Der Diabetiker sollte es sich deshalb zur Regel machen, daß er die ihm vorgeschriebene Kost auf möglichst viele kleine Mahlzeiten verteilt.** Darüber hinaus schützen die Zwischenmahlzeiten den insulinspritzenden Diabetiker vor Hypoglykämien (Unterzuckerung), da die meist verwendeten Verzögerungsinsuline ihre Wirkung weit über die Dauer einer Mahlzeit hinaus entfalten. Es ist nicht notwendig, die Zwischenmahlzeiten jeweils an einem gedeckten Tisch einzunehmen. Einen Apfel oder eine Scheibe Brot kann man auch am Arbeitsplatz verzehren. Bei einer Verordnung von 15 BE (180 g KH) könnte man die Mahlzeiten wie folgt verteilen:

1. Frühstück:	2 BE oder 24 g KH
2. Frühstück:	2 BE oder 24 g KH
Mittagessen:	4 BE oder 48 g KH
Nachmittag:	2 BE oder 24 g KH

Abendessen: 3 BE oder 36 g KH
Spätmahlzeit: 2 BE oder 24 g KH

Ein Drittel der Kohlenhydrate (in unserem Beispiel 5 BE oder 60 g KH) sollten in Form von Obst und Gemüse genossen werden.

Die Fette

Die Fette sind die höchsten Kalorienträger in unserer Nahrung. **So liefert 1 Gramm Fett 9,3 Kilokalorien (38,9 Kilojoule)** bei der Verbrennung im Organismus, während bei der Verbrennung von **1 Gramm Zucker** oder **1 Gramm Eiweiß** jeweils nur **4,1 Kilokalorien (17,2 Kilojoule)** entstehen. Reichlicher Fettgenuß leistet deshalb einer Gewichtszunahme Vorschub. Der zum Übergewicht neigende Typ-I-Diabetiker sollte deshalb unbedingt den täglichen Fettkonsum einschränken.

Die wichtigsten, nahezu ausschließlich fetthaltigen Nahrungsmittel sind Butter, Margarine, Schmalz, Speck und Öl. Zu beachten ist, daß sich ein mehr oder minder großer Fettgehalt in allen eiweißhaltigen Nahrungsmitteln (Fleisch-, Wurst- und Milchprodukten) verbirgt (verstecktes Fett!). Der Diabetiker muß deshalb lernen, fettarme Fleisch- und Fischwaren, sowie Käse und Wurst auszuwählen. – Der Fettaustausch wird in Gramm berechnet. Eine Tabelle über den Fettgehalt von Lebensmitteln befindet sich wAnhang.

Ein Drittel des vom Arzt erlaubten Fettkonsums (etwa 60 bis 90 g pro Tag) sollte in Form von Streichfett, ein weiteres Drittel als Kochfett verwendet werden. Selbst bei Auswahl fettärmster Fleisch-, Wurst- und Milchprodukte ist in diesen Nahrungsmitteln mindestens noch ein Drittel des erlaubten Fettverzehrs enthalten. Nicht nur wegen des sparsameren Verbrauchs, sondern auch wegen ihres hohen Gehaltes an ungesättigten Fettsäuren empfehlen sich pflanzliche Öle als Koch- und Bratfett. Erfahrungsgemäß vermissen Diabetiker das Fett besonders beim Brotaufstrich. Infolgedessen ist es einerseits günstig, sich beim Streichfett eine kleine Reserve offen zu lassen, und andererseits zu empfehlen, den Brotaufstrich durch fettarme Wurst oder Käse, Quark, Hüttenkäse oder Diabetikermarmelade zu ersetzen.

Das Eiweiß

Eiweiß ist sowohl in tierischer Nahrung wie dem „Eiklar", Milchprodukten, Fleisch-, Fisch- und Wurstwaren als auch in pflanzlichen Lebensmitteln enthalten. Für die Eiweißberechnung gelten mit Ausnahme eines Nierenversagens keine so strengen Maßstäbe, wie für die Kohlenhydrat- und Fettberechnung. Die Zufuhr von 0,8 Gramm Eiweiß pro Kilogramm Körpergewicht sollte pro Tag nicht überschritten werden. Diese Eiweißmenge ist jedoch reichlich. Denn 10 g Eiweiß sind etwa enthalten in 50 g rohem Fleisch, 60 g rohem Fisch, 300 g Vollmilch oder Joghurt, 1 1/2 Eiern, 150 g Roggenvollkornbrot, 150 g Reis, 150 g grünen Erbsen, 50 g getrockneten Linsen oder weißen Bohnen, 70 g Haferflocken oder 100 g Grieß oder Mehl.

Zu beachten ist, daß in tierischer Nahrung

der Fettgehalt relativ hoch ist. **Bei der Auswahl eiweißhaltiger Nahrungsmittel vom Tier ist also fettarmen** (siehe Tabelle Seite 23) **unbedingt der Vorzug zu geben.** Dagegen sind mit Ausnahme von Oliven und Nüssen eiweißhaltige Nahrungsmittel pflanzlicher Herkunft fettarm.

Die Getränke

An Getränken sind dem Diabetiker Kaffee, Tee, Mineral- und Brunnenwässer ohne Berechnung erlaubt, sofern verträglich. Obstsäfte müssen berechnet werden (also 110 g Apfelsaft = 12 g KH = 1 BE, beispielsweise auszutauschen gegen 90 g Birnen). Milch muß ebenfalls als BE angerechnet werden. Wegen des hohen Fettgehaltes sollte im allgemeinen nicht mehr als ein halber Liter Vollmilch pro Tag genossen werden.

Auch alkoholische Getränke stehen dem Diabetiker zur Verfügung, wenngleich betont werden muß, daß Alkohol nach dem Fett den höchsten Brennwert (Gewichtszunahme!) besitzt **(1 Gramm Alkohol liefert 7,1 Kilokalorien = 29,7 Kilojoule).** Bei einer angestrebten Gewichtsabnahme sollte deshalb zumindest vorübergehend ganz auf Alkohol verzichtet werden. Ein beschränkter Genuß bestimmter Spezialzubereitungen darf jedoch unter Anrechnung der Alkoholkalorien geduldet werden, wenn der Patient glaubt, nicht auf Alkohol verzichten zu können. Zu den wichtigsten Spezialitäten gehört das Diabetiker-Bier, das praktisch keinen Malzzucker enthält und dessen vormals hoher Alkoholgehalt jetzt der Konzentration normalen Vollbieres angenähert wurde.

Weine sind in ihrer Zusammensetzung sehr unterschiedlich. Der Restzuckergehalt der üblichen Sorten deutscher Weine ist bei mäßigem Genuß (2 Gläser) für den Diabetiker praktisch unerheblich. Zu achten ist allerdings auf den Alkoholgehalt. Am besten eignen sich Diabetiker-Weine, bei denen der Restzuckergehalt (nicht mehr als 4 g pro Liter) und der Alkoholgehalt (nicht mehr als 12%) angegeben sind.

Süßweine und Liköre muß der Diabetiker meiden. Auch von konzentrierten Alkoholika (Branntweine, Cognac, Whisky, Rum, Arrak, Destillate aus Zwetschgen, Kirschen, Wacholder und andere) ist abzuraten, obwohl sie praktisch kohlenhydratfrei oder zumindest kohlenhydratarm sind, da sie bei regelmäßigem Genuß größerer Mengen aufgrund ihres hohen Alkohol-(Kalorien-)-gehaltes dem Diabetiker abträglich sind und außerdem sowohl für Diabetiker wie Nichtdiabetiker einen nachteiligen Einfluß auf die Leberfunktion ausüben. Schaumweine (Sekt) haben einen höheren Kohlenhydratgehalt als Weine, da beim Herstellungsverfahren Kohlenhydrate zugesetzt werden. Schaumweine sollte der Diabetiker deshalb ebenfalls meiden, es sei denn es handelt sich um Sorten, bei deren Herstellung Zuckeraustauschstoffe (Sorbit, Fruktose) verwandt wurden.

Ganz allgemein muß der Alkoholgenuß beim Diabetiker (und Nichtdiabetiker) kritisch angesehen werden, da Alkohol neben einer möglichen Gewichtszunahme eine leberschädigende Wirkung ausübt. Bei einer bereits vorhandenen Leberschädigung ist deshalb Alkohol unbedingt zu meiden. Lebergesunde Diabetiker sollten – wenn überhaupt – nach Rücksprache mit ihrem Arzt nur die erlaubten Alkoholika mäßig genießen.

Die wichtigsten Diätregeln in Kürze

1. **Normalisierung des Körpergewichts**
   Dies bedeutet in der Regel Beseitigung von Übergewicht! Das beinhaltet gleichzeitig einen verminderten Fettkonsum.
2. **Verteilung der täglichen Kalorienmenge auf 5–6 Mahlzeiten**
3. **Abwechslungsreiche Kost durch Austauschen**
   Für eine abwechslungsreiche Kost muß der Umgang mit den zu berechnenden Kohlenhydraten erlernt werden. Der Austausch von kohlenhydrathaltigen Nahrungsmitteln sollte dabei innerhalb der einzelnen Gruppen – Getreideprodukte, Milch- und Milchprodukte, Obst und Gemüse – erfolgen. Ballaststoffreichen Nahrungsmitteln ist der Vorzug zu geben.
4. **Süßungsmittel**
   Die Süßstoffe Cyclamat, Saccharin und Aspartame enthalten keine Kalorien und müssen nicht berechnet werden.
   Die Zuckeraustauschstoffe Sorbit, Fruktose und Xylit können in begrenztem Umfang genossen werden, müssen aber sowohl als Kohlenhydrate als auch als Kalorien in der Kost berechnet werden.

Austauschtabellen für Diabetiker

Die Berechnung von Kohlenhydraten in der Kost

1 Broteinheit (1 BE) entspricht der Menge von 12 g Kohlenhydraten. Der Austausch kohlenhydrathaltiger Nahrungsmittel sollte innerhalb bestimmter Gruppen durchgeführt werden, also zum Beispiel Brot gegen Brot und Obst gegen Obst.

Mehle, Nährmittel, Teigwaren

Weizenmehl, Weizenvollkornmehl, Weizengrieß (etwa 1 gestrichener Eßlöffel)	15 g = 1 BE
Roggenmehl (etwa 1 gestrichener Eßlöffel)	15 g = 1 BE
Stärkemehl (Mais-, Reis-, Kartoffelstärke), Puddingpulver	15 g = 1 BE
Sojavollmehl	45 g = 1 BE
Sago, Graupen, Semmelbrösel, Paniermehl	15 g = 1 BE
Haferflocken (etwa 2 gestrichene Eßlöffel)	20 g = 1 BE
Corn-flakes, ungezuckert	15 g = 1 BE
Reis, roh (etwa 1 gestrichener Eßlöffel)	15 g = 1 BE
Reis, gekocht	etwa 50 g = 1 BE
Kartoffelknödelmehl, -püreemehl	15 g = 1 BE
Kartoffelknödel	etwa 50 g = 1 BE
Eierteigwaren (Spaghetti, Makkaroni, Spätzle), roh	15 g = 1 BE
Eierteigwaren, gekocht	etwa 50 g = 1 BE
Kakaopulver, schwach entölt	30 g = 1 BE

Brot

Roggenvollkornbrot	25 g = 1 BE
Mischbrot, Grahambrot (etwa 1 dünne Scheibe)	25 g = 1 BE
Weißbrot, Pumpernickel, Steinmetzbrot, Simonsbrot	25 g = 1 BE
Semmel, Brezel (etwa 1/2 Stück)	20 g = 1 BE
Diabetiker-Zwieback (2 Stück)	15 g = 1 BE
Knäckebrot (2 Scheiben), Kräcker (5 Stück)	15 g = 1 BE

Milch- und Milchprodukte

Vollmilch (3,5% Fett), fettarme Milch (1,5% Fett)	250 g = 1 BE
Buttermilch, Sauermilch, Kefir	250 g = 1 BE
Joghurt (alle Fettstufen)	250 g = 1 BE

Kartoffeln, Hülsenfrüchte, Gemüse

Kartoffel, geschält (1 Stück, hühnereigroß)	65 g = 1 BE
Hülsenfrüchte, getrocknet (Erbsen, Bohnen, Linsen)	25 g = 1 BE
Schwarzwurzeln	75 g = 1 BE
Artischocken	100 g = 1 BE
Erbsen, grün (frisch oder aus der Dose)	100 g = 1 BE
Zwiebeln	120 g = 1 BE
Fenchel	130 g = 1 BE
Speisemais	60 g = 1 BE
Maiskolben	170 g = 1 BE
dicke Bohnen (aus der Dose)	90 g = 1 BE
weiße Bohnen (aus der Dose)	50 g = 1 BE
Sojabohnen	45 g = 1 Be

Übersicht der Gemüse und Pilze, von denen bis zu 200 g ohne Anrechnung auf die Kohlenhydratverordnung gegessen werden können:

Artischocken
Auberginen
Brechbohnen
Fenchel
Gemüsezwiebel
Grünkohl
Karotten (Möhren)
Kohlrüben (Steckrüben)
Kürbis
Lauch (Porree)
Okra
Palmito
Paprikaschoten
Rosenkohl
Rote Bete
Schwarzwürzeln
Sellerieknollen
Steinpilze
Zucchini
Zwiebeln

Gemüse und Salate, deren Kohlenhydratgehalt nicht berechnet werden muß:

Bambussprossen
Bleichsellerie
Blumenkohl
Brokkoli
Butterpilze
Champignon
Chicorée
Chinakohl
Eisbergsalat
Endiviensalat
Feldsalat
Gurken
Kohlrabi
Kopfsalat
Mangold
Morcheln
Pfifferlinge
Radicchio
Radieschen
Rettich
Rhabarber
Sauerkraut
Schnittbohnen
Spargel

Spinat	Weißkohl
Tomaten	Wirsing

Obst

Wassermelone (mit Schale)	400 g = 1 BE
Wassermelone (ohne Schale)	250 g = 1 BE
Granatäpfel (mit Schale und Kernen)	200 g = 1 BE
Grapefruit (mit Schale)	190 g = 1 BE
Grapefruit (ohne Schale)	130 g = 1 BE
Ananas (mit Schale)	170 g = 1 BE
Mandarinen (mit Schale)	170 g = 1 BE
Mandarinen (ohne Schale)	110 g = 1 BE
Erdbeeren	160 g = 1 BE
Clementinen (mit Schale), Himbeeren	150 g = 1 BE
Apfelsinen (mit Schale), Brombeeren, Stachelbeeren	140 g = 1 BE
Apfelsinen (ohne Schale)	100 g = 1 BE
Grapefruit, Holunderbeeren, Papayas	130 g = 1 BE
Rote Johannisbeeren, Kiwis (mit Schale), Pfirsiche (mit Stein), Physalis, Preiselbeeren, Zuckermelone (mit Schale)	120 g = 1 BE
Aprikosen (mit Stein), Mangos (mit Schale), Nektarinen (mit Stein), Pfirsiche (ohne Stein)	110 g = 1 BE
Äpfel, Aprikosen, Clementinen, Sauerkirschen (mit Stein), Zuckermelone (Honigmelone) (ohne Schale)	100 g = 1 BE
Ananas (ohne Schale), Birnen, Heidelbeeren, schwarze Johannisbeeren, Kakifrüchte (mit Stein), Sauerkirschen (ohne Stein), Süßkirschen, Mirabellen, Pflaumen (mit Stein), Quitten (mit Schale)	90 g = 1 BE
Bananen (mit Schale), Kakifrüchte, (ohne Stein), Litschis, Mangos, Mirabellen (ohne Stein), Quitten, Renekloden (ohne Stein); Feigen	80 g = 1 BE
Renekloden, Zwetschgen (mit Stein)	70 g = 1 BE
Cherimoya, Zwetschgen (ohne Stein)	60 g = 1 BE

Obst- und Gemüsesäfte (unvergoren, ohne Zuckerzusatz)

Apfelsaft, Orangensaft	110 g = 1 BE
Grapefruit-, Himbeersaft	120 g = 1 BE
Johannisbeersaft, rot	100 g = 1 BE
Johannisbeersaft, schwarz	90 g = 1 BE
Karottensaft	200 g = 1 BE
Rote-Bete-Saft	130 g = 1 BE

Nüsse, Hartschalenobst ohne Schale

Nüsse bestehen zu 50 bis 60% aus Fett,
deswegen ist ihr Fettgehalt unbedingt zu berücksichtigen!

Erdnüsse	60 g = 1 BE
Mandeln	75 g = 1 BE
Walnüsse	85 g = 1 BE
Haselnüsse	90 g = 1 BE
Kokosnüsse (frisch)	120 g = 1 BE
Paranüsse	170 g = 1 BE
Cashewnüsse	40 g = 1 BE
Kastanien, Maronen (frisch ohne Schale)	30 g = 1 BE

Zuckeraustauschstoffe

Fruchtzucker (Fruktose, Laevulose) Sorbit, Xylit	12 g = 1 BE
Diabetikermarmelade	25 g = 1 BE
Diabetikermarmelade (kalorienreduziert)	40 g = 1 BE

Die Berechnung von Fett in der Kost

Es entsprechen 10 g reinem Fett:

Streichfette, Kochfette und Eier	
Butter, Margarine, Mayonnaise, Remoulade	12 g = 10 g Fett
Butterschmalz, Schweineschmalz, Kokosfett, Pflanzenöle	10 g = 10 g Fett
Hühnereigelb (1 Hühnerei = etwa 6–7 g Fett)	30 g = 10 g Fett
Milch und Milchprodukte	
Trinkmilch und Joghurt aus Trinkmilch 3,5% Fett	285 g = 10 g Fett
Schlagsahne 28% Fett	30 g = 10 g Fett
Saure Sahne 10% Fett	100 g = 10 g Fett
Camembert 20% Fett i. Tr.	100 g = 10 g Fett
Camembert 30% Fett i. Tr.	75 g = 10 g Fett
Camembert 45% Fett i. Tr.	45 g = 10 g Fett
Tilsiter, Edamer Käse 30% Fett i. Tr.	60 g = 10 g Fett
Tilsiter, Edamer Käse, Parmesan 40% Fett i. Tr.	40 g = 10 g Fett
Goudakäse, Emmentaler Käse 45% Fett i. Tr.	35 g = 10 g Fett
Chesterkäse, Edelpilzkäse 50% Fett i. Tr.	30 g = 10 g Fett
Schmelzkäse 20% Fett i. Tr.	110 g = 10 g Fett
Schmelzkäse 45% Fett i. Tr.	40 g = 10 g Fett
Quark, Hüttenkäse 20% Fett	200 g = 10 g Fett
Fettarme Milch 1,5% Fett	660 g = 10 g Fett

Ohne Berechnung des Fettgehaltes sind Magermilch, Buttermilch, Magermilchjoghurt und Speisequark (mager) erlaubt.

Fleisch	
Hackfleisch (gemischt)	40 g = 10 g Fett
Hammelfilet	290 g = 10 g Fett
Hammelfleisch, Keule (Schlegel)	55 g = 10 g Fett
Hammelkotelett, Hammelbrust	30 g = 10 g Fett
Kalbfleisch, Bug (Schulter)	345 g = 10 g Fett
Kalbfleisch, Keule (Schlegel), Haxe	625 g = 10 g Fett
Kalbfleisch, Kotelett	325 g = 10 g Fett
Kalbfleisch, Schnitzel	555 g = 10 g Fett
Kalbsbries	295 g = 10 g Fett
Kalbshirn	125 g = 10 g Fett
Kalbsherz	195 g = 10 g Fett
Kalbsleber	245 g = 10 g Fett

Kalbsniere	155 g = 10 g Fett
Kalbszunge	160 g = 10 g Fett
Rindfleisch, Blume (Rose), Lende (Roastbeef)	100 g = 10 g Fett
Rindfleisch, Brust (Brustkern), Spannrippe (Querrippe)	45 g = 10 g Fett
Rindfleisch, Bug (Schulter), Kamm (Hals)	160 g = 10 g Fett
Rindfleisch, Filet	230 g = 10 g Fett
Rindfleisch, Keule (Schlegel)	140 g = 10 g Fett
Rinderherz	170 g = 10 g Fett
Rinderleber	325 g = 10 g Fett
Rinderzunge	65 g = 10 g Fett
Schweinefleisch, Bug (Schulter), Keule (Schlegel)	45 g = 10 g Fett
Kamm (Halsgrat) (Kotelett)	30 g = 10 g Fett
Schweinefleisch, Filet	100 g = 10 g Fett
Schweinefleisch, Schnitzel	125 g = 10 g Fett
Schweineherz	210 g = 10 g Fett
Schweinezunge	55 g = 10 g Fett
Schweineleber	175 g = 10 g Fett

Wild und Geflügel

Hase	305 g = 10 g Fett
Hirschfleisch	305 g = 10 g Fett
Rehfleisch (Keule, Schlegel)	835 g = 10 g Fett
Rehfleisch, Rücken	285 g = 10 g Fett
Ente	60 g = 10 g Fett
Gans	30 g = 10 g Fett
Huhn (Brathuhn)	180 g = 10 g Fett
Hühnerbrust kann im Fettgehalt unberücksichtigt bleiben	
Suppenhuhn	50 g = 10 g Fett
Truthahn (Puter, Indian), Jungtiere	150 g = 10 g Fett
Truthahn, Schnitzel, Brust	900 g = 10 g Fett

Wurstwaren und sonstige Fleischerzeugnisse

Speck, durchwachsen (Wammerl, Frühstücksspeck)	15 g = 10 g Fett
Mettwurst, Plockwurst, Salami	20 g = 10 g Fett
Göttinger, Leberwurst, Teewurst, Cervelatwurst	25 g = 10 g Fett
Gelbwurst (Hirnwurst), Bratwurst, Mortadella, Schweineschinken, roh geräuchert	30 g = 10 g Fett
Kalbskäse, Fleischwurst, Leberpastete, Lyoner	35 g = 10 g Fett
Kassler Rippchen, Wollwurst, Hackfleisch (gemischt)	40 g = 10 g Fett
Fleischkäse (Leberkäse), Münchner Weißwurst	45 g = 10 g Fett

Bierschinken, Wiener Würstchen, Frankfurter	50 g = 10 g Fett
Schweineschinken, gekocht, mager	100 g = 10 g Fett
Bündner Fleisch oder Rinderschinken	105 g = 10 g Fett
Geflügelwurst, fettarm	100 g = 10 g Fett
Corned beef (deutsch)	165 g = 10 g Fett
Lachsschinken	250 g = 10 g Fett
Tatar	270 g = 10 g Fett

Fische

Forelle, Renke, Felchen	475 g = 10 g Fett
Goldbarsch	335 g = 10 g Fett
Heilbutt	435 g = 10 g Fett
Karpfen	210 g = 10 g Fett
Seelachs in Öl (Lachsersatz)	110 g = 10 g Fett
Hering in Gelee	80 g = 10 g Fett
Hering mariniert (Bismarckhering), Bückling	70 g = 10 g Fett
Thunfisch in Öl	50 g = 10 g Fett
Krabben, Garnelen	715 g = 10 g Fett
Rotbarsch, geräuchert	180 g = 10 g Fett

Ohne Berechnung des Fettgehaltes sind Seelachs, Schellfisch, Kabeljau, Dorsch, Hecht, Schleie, Scholle, Zander, Flunder erlaubt.

Sonstiges

Kokosnuß	30 g = 10 g Fett
Mandeln (süß), Erdnüsse (geröstet), Pistazien	20 g = 10 g Fett
Haselnüsse, Walnüsse, Paranüsse (ohne Schale)	15 g = 10 g Fett
Kakaopulver, schwach entölt	40 g = 10 g Fett
Oliven, grün, mariniert	70 g = 10 g Fett

An Getränken stehen dem Diabetiker Kaffee, Tee und Mineralwasser ohne Berechnung zur Verfügung. Obstsäfte sind im Rahmen der erlaubten BE-Menge gestattet, dagegen keine Süßmoste wegen des hohen Zuckergehaltes. Milch muß ebenfalls als BE angerechnet werden.
Im allgemeinen soll nicht mehr als ein halber Liter Vollmilch täglich getrunken werden, da sonst die erlaubte Fettmenge nicht eingehalten werden kann (ein halber Liter Vollmilch enthält 15–20 g Fett).
Auch auf alkoholische Getränke braucht der Zuckerkranke nicht vollständig zu verzichten. Durchgegorene Weine, also naturreine Weine mit Ausnahme von Spätlesen, Auslesen und besonders süßen Sorten, darf er – allerdings nur nach Rücksprache mit seinem Arzt – in kleinen Mengen trinken, ebenso Diabetiker-Bier, Cognac, Weinbrände und klare Schnäpse.

Diätpläne und Tagesbeispiele

Diätplan für die täglichen Mahlzeiten mit insgesamt 12 BE

1. Frühstück	○	Kaffee oder Tee mit Süßstoff
2 BE	●●	Brot, Brötchen
	○	Butter oder Margarine
	○	Quark oder Ei, Wurst oder Käse
2. Frühstück	●	Obst oder Gebäck
1 BE		
Mittagessen	○	Rohkost oder Suppe
3 BE	○	Fleisch oder Fisch
	●●	Kartoffeln, Reis oder Nudeln
	●	Gemüse oder Salat
	○	Dessert
Kaffeetrinken	○	Tee oder Kaffee mit Süßstoff
1 BE	●	Gebäck oder Brot
Vesper	●	Obst oder Saft
1 BE		
Abendessen	○	Wurst oder Käse
3 BE	●	Salat oder Gemüse
	●●	Brot oder Kartoffeln
	○	Butter oder Margarine
Spätmahlzeit	●	Obst, Obstsaft oder Mixgetränk
1 BE		

Folgende Symbole sollen Ihnen die Berechnung der Broteinheiten (BE) beziehungsweise Kohlenhydrate (KH) erleichtern:

○ ohne anzurechnende Kohlenhydrate
◐ Speise oder Nahrungsmittel mit 6 g KH = ½ BE
● Speise oder Nahrungsmittel mit 12 g KH = 1 BE
●● Speise oder Nahrungsmittel mit 24 g KH = 2 BE
●●● Speise oder Nahrungsmittel mit 36 g KH = 3 BE

Tagesbeispiel für einen Tag mit 12 BE

1. Frühstück
2 BE

- ○ Tee oder Kaffee mit Süßstoff
- ●● 1 Brötchen oder Vollkornbrötchen
- ○ 2 EL Magerquark (50 g)
- ○ 1 EL Butter oder Margarine (10 g)
- ○ 10 g Kürbiskonfitüre, **siehe Rezept Seite 108**

2. Frühstück
1 BE

- ● 1 kleiner Apfel (100 g)

Mittagessen
3 BE

- ○ Klare Bouillon, **siehe Rezept Seite 37**
- ○ Rindsroulade, **siehe Rezept Seite 46**
- ●● 2 kleine Kartoffeln, eigroß (120 g)
- ○ Sellerie-Karotten-Gemüse, **siehe Rezept Seite 67**
- ○ Kaffeecreme, **siehe Rezept Seite 81**

Kaffeetrinken
1 BE

- ○ Tee oder Kaffee mit Süßstoff
- ● ½ Brötchen oder 1 Scheibe Knäckebrot
- ○ mit 1 TL Butter oder Margarine (5 g)

Vesper
1 BE

- ● 1 Orange (130 g, geschält)

Abendessen
3 BE

- ○ 100 g kalter Braten
- ● Sauerkrautsalat, **siehe Rezept Seite 74**
- ○ ½ Bund Radieschen oder Rettich (50 g)
- ●● 1 Scheibe Vollkornbrot (50 g)

Spätmahlzeit
1 BE

- ● Erfrischender Vitamintrunk (halbes Rezept zubereiten), **siehe Rezept Seite 107**

E 85 g F 65 g kcal 1650 kJ 6930
als BE berechenbare KH 144 g
nicht anzurechnende KH 26 g

Diätplan für die täglichen Mahlzeiten mit insgesamt 15 BE

1. Frühstück	○	Kaffee oder Tee mit Süßstoff
2 BE	● ●	Brot, Brötchen
	○	Butter oder Margarine
	○	Quark oder Ei
	○	Wurst oder Käse
2. Frühstück 2 BE	● ●	Obst mit Joghurt oder Gebäck
Mittagessen	○	Rohkost oder Suppe
3 BE	○	Fleisch oder Fisch
	● ●	Kartoffeln, Reis oder Nudeln
	●	Gemüse oder Salat
	○	Dessert
Kaffeetrinken	○	Tee oder Kaffee mit Süßstoff
2 BE	● ●	Gebäck oder Brot
Vesper 1 BE	●	Obst oder Saft oder Joghurt
Abendessen	○	Wurst oder Käse
3 BE	●	Salat oder Gemüse
	● ●	Brot oder Kartoffeln
	○	Butter oder Margarine
Spätmahlzeit 2 BE	● ●	Obst, Obstsaft oder Mixgetränk

Tagesbeispiel für einen Tag mit 15 BE

1. Frühstück
2 BE

- ○ Kaffee oder Tee mit Süßstoff
- ●● 1 Vollkornbrötchen oder 2 Scheiben Knäckebrot oder 1 kleine Scheibe Mischbrot
- ○ 1 EL Butter oder Margarine (10 g)
- ○ 30 g Schinken oder fettarme Wurst

2. Frühstück
2 BE

- ●● 1 kleine Birne (100 g) und 5 Cräckers

Mittagessen
3 BE

- ○ Blumenkohl-Kresse-Salat, **siehe Rezept Seite 75**
- ●◐ Vegetarische Moussaka, **siehe Rezept Seite 62**
- ◐ 2 Scheiben Baguette
- ● Pfirsichmousse, **siehe Rezept Seite 80**

Kaffeetrinken
2 BE

- Kaffee oder Tee mit Süßstoff
- ●● 1 Stück Sandkuchen, **siehe Rezept Seite 90**

Vesper
1 BE

- ● 1 Becher Diabetikerfruchtjoghurt, fettarm

Abendessen
3 BE

- ●● 1 Scheibe Brot aus dem Tontopf, **siehe Rezept Seite 86 oder** 2 Kartoffeln, eigroß (120 g)
- ○ 1 Hähnchenkeule, warm oder kalt
- ● Sauerkrautsalat, **siehe Rezept Seite 74**

Spätmahlzeit
2 BE

- ● Apfelschnee, **siehe Rezept Seite 81**
- ● 1 Stück Vollkornbiskuit, **siehe Rezept Seite 89**

E 90 g F 95 g kcal 2070 kJ 8670
als BE berechenbare KH 180 g
nicht anzurechnende KH 20 g

Auswahlessen für Mittag:

- ◐ Tomatensuppe, **siehe Rezept Seite 41**
- ○ 1 gegrilltes Steak
- ○ Romanasalat, **siehe Rezept Seite 72**
- ●● 2 Kartoffeln (190 g), eigroß

Diätplan für die täglichen Mahlzeiten mit insgesamt 18 BE

1. Frühstück	○	Kaffee oder Tee mit Süßstoff
3 BE	● ● ●	Brot, Brötchen
	○	Butter oder Margarine
	○	Quark oder Ei
	○	Wurst oder Käse
2. Frühstück	● ●	Obst mit Gebäck
2 BE		oder Joghurt mit Gebäck
Mittagessen	●	Rohkost oder Suppe
4 BE	○	Fleisch oder Fisch
	● ●	Kartoffeln, Reis oder Nudeln
	●	Gemüse oder Salat
	○	Dessert
Kaffeetrinken	○	Tee oder Kaffee mit Süßstoff
2 BE	● ●	Gebäck oder Brot
Vesper	● ●	Obst oder Saft
2 BE		und Gebäck
Abendessen	○	Wurst oder Käse
3 BE	●	Salat oder Gemüse
	● ●	Brot oder Kartoffeln
	○	Butter oder Margarine
Spätmahlzeit	● ●	Obst, Obstsaft oder Mixgetränk
2 BE		

Tagesbeispiel für einen Tag mit 18 BE

1. Frühstück
3 BE

- ○ Kaffee oder Tee mit Süßstoff
- ●● 1 Scheibe Brot aus dem Tontopf, **siehe Rezept Seite 86**
- ○ 100 g Hüttenkäse oder Quark
- ● 25 g Zitronen-Orangen-Konfitüre, **siehe Rezept Seite 109**

2. Frühstück
2 BE

- ● 1 kleiner Apfel (100 g)
- ● 2 Scheiben Knäckebrot

Mittagessen
4 BE

- ● Madrider Knoblauchsuppe, **siehe Rezept Seite 38**
- ○ Forelle in Folie, **siehe Rezept Seite 54**
- ●● 2 Salzkartoffeln, eigroß (130 g)
- ○ 1 Portion frischer Blattsalat
- ● Joghurtköpfli mit Mandarinen, **siehe Rezept Seite 78**

Kaffeetrinken
2 BE

- ○ Kaffee oder Tee mit Süßstoff
- ●● 1 Scheibe Vollkornbrot (50 g)
- ○ 1 EL Butter oder Margarine (10 g)

Vesper
2 BE

- ● 150 g frische Erdbeeren oder Himbeeren
- ● 3 Diabetikerkekse (für 1 BE)

Abendessen
3 BE

- ○ Roastbeefsalat, **siehe Rezept Seite 93**
- ●●● 1 ½ Scheiben Vollkornbrot (75 g)
- ○ 30 g Gorgonzola oder Frischkäse

Spätmahlzeit
2 BE

- ● 5 Käsetaler, **siehe Rezept Seite 90**
- ● ⅛ l Grapefruit- oder Orangensaft

E 80 g F 90 g kcal 2110 kJ 8830
als BE berechenbare KH 216 g
nicht anzurechnende KH 14 g

Auswahlessen für Mittag:

- ● Bouillon mit Suppennudeln, **siehe Rezept Seite 37**
- ●●● Tiroler Gröstl, **siehe Rezept Seite 61**
- 1 Portion frischer Blattsalat

Moderne, schonende Garmethoden – empfehlenswert für Diabetiker

Das Garen in **Alufolie** bietet sich für Fleisch, Fisch, Gemüse und Kartoffeln besonders an. Gut gewaschen können Sie Kartoffeln auch ungeschält in Alufolie wickeln und im Backofen garen.

Das Braten im **Bratbeutel** ist sehr zu empfehlen, wenn Sie knusprige und saftige Braten, Geflügel, Schnitzel sowie aromatischen Fisch mit und ohne Gemüse zubereiten wollen.

Kochen im **Gefrierbeutel** ist eine Möglichkeit, selbst eingefrorene Lebensmittel aufzuwärmen und Sie können direkt darin garen.

All diese Zubereitungsmethoden haben den Vorteil, daß Sie mit wenig Fett schmackhaft kochen können.

Braten mit wenig oder ohne Fett gelingt sehr gut im **Römertopf,** der **beschichteten Pfanne** oder mit **Bratpapier,** das Sie in jede Pfanne legen können. Bei Backwaren entspricht diese Methode dem Auslegen der Form mit **Backpapier.**

Das Garen in Dampf ist die kalorienärmste und schonendste Zubereitungsart. Fisch, Geflügel, Obst und vor allem Gemüse lassen sich damit vorzüglich zubereiten.

Sogar für den Kleinsthaushalt, beziehungsweise für das Kochen für 1 Person, gibt es passende Töpfe und Einsätze wie den **verstellbaren Dämpfeinsatz** für Töpfe, **stapelbare Edelstahltöpfe,** deren innere Böden mit Löchern versehen sind, längliche und runde **Bräter mit Siebeinsatz** oder **Dampfdrucktöpfe** in allen Größen, die nach dem gleichen Prinzip unter stärkeren Druckverhältnissen funktionieren.

Im **Mikrowellengerät** ist Auftauen und Aufwärmen von kleinen Portionen ideal. Fisch, Gemüse und Obst können Sie schnell und schonend zubereiten.

Bei **Edelstahltöpfen** mit gut schließendem Deckel kommt man mit wenig Flüssigkeit aus.

Der aufsteigende Dampf schlägt sich am Deckel nieder, tropft ab und vermischt sich wieder mit dem Kochgut. Das verbessert den Geschmack, da die natürlichen Aromastoffe erhalten bleiben, und erhält die Nährstoffe, weil kein Kochsud abgegossen werden muß. Darüber hinaus behält Gemüse bei dieser Zubereitung seine frische Farbe.

Für gesellige Runden gibt es den **Fonduetopf,** den **Wok** oder den **Feuertopf.** Hier können Sie in Brühe gekochte, fett- und kalorienarme Gerichte bei Tisch gemeinsam zubereiten.

Mit fettarmem Fleisch, Fisch und viel Gemüse können auch übergewichtige Diabetiker an ausgedehnteren Mahlzeiten teilnehmen.

Empfehlungen bei Übergewicht

- Besorgen Sie sich eine Kalorientabelle und wählen Sie daraus vor allem kalorienarme Fleisch-, Wurst- und Käsesorten aus.
- Verwenden Sie fettarme Milch und Magermilchjoghurt, keine Sahne, Crème fraîche, Butter oder Eigelb zum Kochen beziehungsweise Verfeinern.
- Schränken Sie die Kalorienzufuhr entsprechend dem ärztlichen Rat ein.
- Halten Sie Ihre vorgeschriebenen Kohlenhydratmengen beziehungsweise Broteinheiten genau ein, essen Sie dazu viel Salat und solche Gemüse, die nicht angerechnet werden müssen (siehe Tabelle Seite 20).
- Lassen Sie keine der empfohlenen Mahlzeiten aus.
- Bei großem Hunger hilft zwischendurch eine Tasse Kaffee, Tee oder Kräutertee, ein Glas Mineralwasser oder heiße Zitrone (= heißes Wasser mit Zitronensaft und Süßstoff).

Zum Einsparen von Fett bieten sich an:

- Moderne Garverfahren in der Folie, im Dampf, im Römertopf, in beschichteten Pfannen (siehe Seite 32) und im Mikrowellengerät.
- Das Entfetten von Brühe und Beseitigen von Fett nach dem Anbraten durch Auflegen von Küchenkrepp, der das Fett aufsaugt.
- Die Auswahl fettärmster Lebensmittel und das Entfernen aller Fettränder an Fleisch, Schinken oder Wurst.

Mit dem Schöpflöffel das Fett abschöpfen

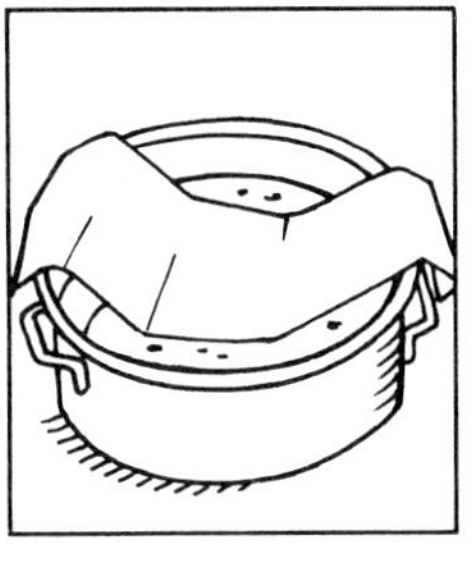

Küchenkrepp oder ein Tuch zum Saugen auflegen

Ein mit Eiswürfeln gefülltes Tuch auflegen. Fett erstarrt am Tuch

Jetzt wird gekocht

Was Sie vorher wissen sollten!

- Die Mengen gelten jeweils für 1 Person, falls nicht anders angegeben, dies gilt nicht für Backwaren.
- Die Nährwertangaben beziehen sich **immer auf 1 Portion,** beziehungsweise 1 Stück.
- Die in den Rezepten angegebenen Mengen sind der **kochfertige Anteil:** Obst und Gemüse ohne Schale und Kerne, Fleisch ohne Knochen, befreit von Häuten, Sehnen und sichtbarem Fett.
- Würzen dürfen Sie beliebig, nach eigenem Geschmack mit Kräutern, Gewürzen, Würzmischungen und Würzsoßen ohne Zuckerzusatz.
- Gutes Aroma erzielen Sie auch durch Mitkochen von Suppengrün, Zwiebeln, Zitronenscheiben (besonders bei Fisch und Geflügel), Lorbeerblättern und Gewürzkörnern.
- Wenn Sie Gerichte nachträglich mit Eigelb, Sahne oder einem Schuß Alkohol verfeinern, **erhöht sich entsprechend der Nährwert** für Fett, Kohlenhydrate und Cholesterin. Bei Übergewicht sollten Sie auf diese zusätzlichen Kalorien verzichten.
  Bei geringem Appetit ist dieses Verfeinern angeraten, zumal die Broteinheiten, außer bei Alkoholzugabe, dadurch nicht berührt werden.
- Nehmen Sie zum Süßen möglichst **nur Süßstoff.** Zucker und Honig sind nicht erlaubt. Diabetikerzucker muß bei den Kohlenhydraten (BE) voll angerechnet werden.
  Beachten Sie bitte immer die Packungsaufschriften. Fragen Sie im Zweifelsfall beim Apotheker oder Hersteller nach.

Abkürzungen:

EL	= Eßlöffel	**g**	= Gramm
TL	= Teelöffel	**E**	= Eiweiß
Pr.	= Prise	**F**	= Fett
Msp.	= Messerspitze	**KH**	= Kohlenhydrate
St	= Stück	**kcal**	= Kilokalorien
ml	= Milliliter	**kJ**	= Kilojoule
l	= Liter	**BE**	= Broteinheit(en)

Die Bedeutung der Punkte im folgenden Rezeptteil

○ Gericht enthält keine anzurechnenden KH
◐ Gericht enthält 6 g anzurechnende KH = 1/2 BE
● Gericht enthält 12 g anzurechnende KH = 1 BE
●● Gericht enthält 24 g anzurechnende KH = 2 BE
●●● Gericht enthält 36 g anzurechnende KH = 3 BE

Vier Möglichkeiten für die Zusammenstellung

Menü für 36 g KH = 3 BE	1.	2.	3.	4.
Rohkost oder Suppe	○	◐	●	○
Fleisch oder Fisch	○	●	○	◐
Kartoffeln, Reis oder Nudeln	●●	●	●	●●
Gemüse oder Salat	○	◐	●	◐
Dessert	●	○	○	○

Menü für 48 g KH = 4 BE	1.	2.	3.	4.
Rohkost oder Suppe	●	◐	●	○
Fleisch oder Fisch	○	●	●	○
Kartoffeln, Reis oder Nudeln	●●	●●	●	●●●
Gemüse oder Salat	○	◐	○	●
Dessert	●	○	●	○

Praktische Mengenangaben:

1 Tasse Flüssigkeit = 125 ml (ccm) = 1/8 l
1 kleiner Apfel = 100 g
1 mittelgroße Orange geschält = 130 g
1 Kartoffel, hühnereigroß = 60 g
1 EL Öl = 10 g
1 EL Mehl, Grieß, Zucker gehäuft, gefüllt in Großmutters Besteck = 30 g
1 EL Mehl, Grieß, Zucker gehäuft, gefüllt in modernes Eßbesteck = 20 g
1 TL Öl oder
1 TL Mehl, Grieß, Zucker gehäuft, gefüllt = 5 g
1/2 Hotelpäckchen Butter = 10 g

Suppen

Suppen, die keine Broteinheiten (BE) oder nur sehr wenig Kohlenhydrate (KH) enthalten, die nicht angerechnet werden müssen, dürfen Sie zusätzlich zu den Mahlzeiten essen.
Das sind zum Beispiel eine klare Brühe mit Fleisch, Ei oder Gemüseeinlage oder ungebundene leichte Gemüsesuppen.
Alle anderen Suppen, wie gebundene oder Suppen mit einer kohlenhydrathaltigen Einlage (Reis, Grieß, Nudeln, Kartoffeln), müssen angerechnet werden.
Halten Sie die vorgegebenen Mengen ein, damit der Kohlenhydratgehalt nicht überschritten wird.
Als Flüssigkeit für die Zubereitung einer Suppe können Sie entfettete Fleisch- oder Geflügelbrühe, Gemüsebrühe oder Wasser mit Gewürzen, Instantbrühe oder Suppenwürze verwenden.

Tunesische Gemüsecremesuppe ◐

E 1,5 g	F 0 g	KH 9,4 g
kcal 45	kJ 190	

Für 2 Portionen

- 30 g Zucchini, in Würfeln
- 30 g Karotten, in Würfeln
- 30 g Aubergine, in Würfeln
- 30 g Sellerie, in Würfeln
- 1/2 Zwiebel (20 g), gehackt
- 60 g Kartoffeln, in Scheiben
- 1/2 l entfettete Brühe
- 1 Pr. Safran
- 1 Pr. Salz
- 1 TL gezupfte Petersilie

Das Gemüse und die Kartoffeln in der Brühe garen. Die Suppe passieren und kräftig würzen. Zum Anrichten mit Petersilie garnieren.

Kräuter-Pfannkuchen-Suppe ●

E 8 g	F 12 g	KH 12 g
kcal 195	kJ 820	

- 1 Ei
- 3 geh. TL Mehl (15 g)
- 1 EL Mineralwasser oder Milch
- je 1 Pr. Salz und Muskat
- 1 TL gehackte Kräuter (Petersilie, Schnittlauch, Kerbel)
- 1 EL Öl (10 g)
- 1/4 l entfettete Brühe

Das Ei mit Mehl, Wasser oder Milch, Gewürzen und Kräutern zu einem glatten Teig verschlagen. Den Teig in eine heiße, mit Öl gefettete Pfanne gießen und einen Pfannkuchen backen. Diesen in Streifen schneiden und in die kochende Brühe geben.

Klare Bouillon mit Einlage ○

E 11 g	F 6,5 g	KH 0 g
kcal 105	kJ 440	

200 ml fettarme Fleisch- oder Gemüsebrühe
1 Pr. Suppenwürze
1 Pr. Muskat
1 TL Schnittlauch, geschnitten
50 g gekochtes Rindfleisch, in Würfeln
oder 100 g Suppengemüse, in Streifen
oder 100 g Champignons, in Blättchen
oder 1 Eigelb
oder 1 ganzes Ei

Die Brühe erhitzen und würzen. Die Einlage nach Wahl zugeben und zuletzt mit Schnittlauch bestreuen.

Variation

Suppeneinlagen mit 1 BE ● sind:
15 g Suppennudeln (roh gewogen)
oder 15 g Reis
oder 20 g Haferflocken
oder 15 g Grieß.
Nach Belieben können Sie mehr Brühe an die Suppe geben.

Madrider Knoblauchsuppe ●

E 1,8 g	F 10 g	KH 14 g
kcal 160	kJ 670	

1 große gehackte Knoblauchzehe	
1 EL Öl (10 g)	
1/2 TL Paprikapulver, edelsüß	
1 Scheibe Weißbrot (25 g), gewürfelt	
200 ml milde Brühe	
1 Pr. Salz	

Den Knoblauch in Öl goldbraun braten, das Paprikapulver einstreuen und mitrösten, bis das Pulver bräunlich ist. Nun die Weißbrotwürfel zugeben und kurz mitbraten. Mit Brühe aufgießen, salzen und kurz durchkochen lassen.

Fischsuppe ◐

E 10 g	F 1 g	KH 7,5 g
kcal 80	kJ 335	

Für 2 Portionen

- ½ Zwiebel (20 g), in Ringen
- 50 g Tomaten, geschält, in Scheiben
- 1 Pr. Kümmel
- 400 ml Fischsud
- 60 g Kartoffeln, in Würfeln
- 1 Pr. Salz
- 100 g Fischfilet, in Würfeln oder Muschelfleisch
- 1 Pr. Safran

Die Zwiebeln, die Tomaten und den Kümmel in den Fischsud geben und zum Kochen bringen. Die Kartoffeln zugeben und weichkochen. Die Hitze zurücknehmen, die Fischstücke in die Suppe legen und mit Salz und Safran würzen. Bei milder Hitze kurz köcheln, bis das Fischfleisch gar ist.

Tip

- Zum Schälen werden die Tomaten kurz in kochendes Wasser gelegt, dann kalt abgeschreckt und sie lassen sich nun problemlos häuten.
- Für einen feinen Fischsud besorgen Sie sich Fischabfälle (= Kopf, Schwanz, Gerippe).
  Kochen Sie sie mit Wasser bedeckt und unter Zugabe von ein paar Zitronenscheiben und Gewürzen (Lorbeer, Piment, Salz) kräftig auf. Gießen Sie den Sud zur weiteren Verwendung durch ein feines Sieb.

Grießsuppe ●

E 1,5 g	F 8,4 g	KH 12 g
kcal 135	kJ 565	

- 3 geh. TL Grieß (15 g)
- 1 EL Butter oder Margarine (10 g)
- ¼ l entfettete Brühe
- 1 Pr. Suppenwürze
- 1 Pr. Salz
- 1 Pr. Muskat
- 1 TL Schnittlauch, geschnitten

Den Grieß in Butter oder Margarine hell oder mittelbraun anrösten. Mit Brühe ablöschen und 5 Minuten kochen. Zuletzt würzen und mit Schnittlauch bestreut servieren.

Variation

Haferflockensuppe: Statt Grieß rösten Sie Haferflocken, lassen sie in der Brühe kurz kochen und würzen die Suppe anschließend. Sie können auch ein Eigelb unterziehen oder die Suppe mit einem verrührten Ei aufkochen.

Tip

Zum Fettsparen sollten Sie Grieß oder Haferflocken „trocken" rösten, das heißt ohne Fettzugabe in der Pfanne bräunen.

Hühnersuppe „chinesische Art“ ○

E 7,8 g	F 1,8 g	KH 7,6 g
kcal 80	kJ 335	

1/4 l entfettete Hühnerbrühe
3 g Glasnudeln
5 g Morcheln, eingeweicht, in Streifen
30 g Karotten, in feinen Streifen
30 g gekochtes Hühnerfleisch,
ohne Haut, in Würfeln
1 Pr. Curry
1 TL scharfe Sojasoße
1 TL Sherry

Die Brühe erhitzen und die Glasnudeln, Morcheln und Karotten etwa 5 Minuten darin köcheln. Das Hühnerfleisch zugeben und mit Curry und Sojasoße kräftig würzen, zuletzt mit Sherry abrunden.

Tip

Kochen Sie eine größere Menge, und frieren Sie die Suppe portionsweise ein. Bei größeren Mengen sollten Sie die Glasnudeln in kaltem Wasser einweichen, erst dann in Stücke schneiden und mitkochen.

Tomatensuppe ◐

E 0,6 g	F 5,1 g	KH 10 g
kcal 90	kJ 380	

1 TL Zwiebel (10 g), in Würfeln
1 TL Öl (5 g)
1/4 l entfettete Brühe
20 g Tomatenmark
1 Pr. Salz
1 Pr. Thymian oder Rosmarin
25 g gekochten Reis (= 8 g Reis, roh)
1 TL Schnittlauch, geschnitten

Die Zwiebelwürfel im heißen Öl andünsten und die Brühe zugießen. Tomatenmark und Gewürze unterrühren und aufkochen. Zuletzt den Reis zugeben und mit Schnittlauch bestreuen.

Variation

Sie können die Suppe aus frischen Tomaten zubereiten und leicht binden.
Sie liefert 1/2 BE ◐:
1 TL Zwiebel (10 g), in Würfeln
1 TL Öl (5 g)
200 g Tomaten, halbiert
1 TL Mehl (5 g)
1/8 l entfettete Brühe
je 1 Pr. Oregano und Suppenwürze
1 EL Basilikumblättchen
Die Zwiebelwürfel im heißen Öl andünsten. Die Tomaten zugeben und mit Mehl bestäuben. Mit der Brühe ablöschen, würzen und 5 Minuten kräftig kochen. Zuletzt passieren, nochmals abschmecken und mit frisch gezupften Basilikumblättchen anrichten.

Soßen

Bei den meisten Soßen ist Vorsicht geboten! Sie sind sehr fett, dicke Soßen sind dazu kohlenhydratreich.
Entfetten Sie beim Braten in der Pfanne immer zuerst den Pfannenansatz durch Auflegen von Küchenkrepp. Erst danach sollten Sie den Ansatz durch Flüssigkeitszugabe loskochen.
Verzichten Sie darauf, Ihre Soßen zu binden, klarer Jus oder Soßen aus Gemüse, Gewürzen und fettarmer Flüssigkeit können auch ein schmackhaftes Tüpfelchen für viele Gerichte werden.

Merke: Für Diabetiker gibt es ein kohlenhydratfreies Bindemittel aus **Johannisbrotkernmehl** in der Apotheke zu kaufen.
Beachten Sie genau die Packungsanweisungen.
Als kohlenhydratfreies Bindemittel für Soßen eignet sich auch **Speisequark.** Rühren Sie pro Portion ein bis zwei Teelöffel Quark mit der fertigen Bratenflüssigkeit an. Lassen Sie die Soße dann nicht mehr kochen.

Dunkle Soße ○

E 7,5 g	F 1,5 g	KH 5 g
kcal 65	kJ 270	

1/4 l entfettete Fleisch- oder Gemüsebrühe
je 1 Lorbeerblatt und Gewürznelke
1/2 Zwiebel (30 g), in Ringen
30 g Sellerie, in Stücken
2 EL Speisequark (50 g), 20% Fett

Die Hälfte der Brühe mit den Gewürzen und dem Gemüse so lange kochen, bis die Flüssigkeit fast eingekocht ist. Nun weiter dünsten und dabei rühren, bis sich am Topfboden ein brauner Belag zeigt. Dann die restliche Brühe angießen und einmal aufkochen. Die Soße durch ein Sieb streichen, mit dem Quark verrühren und nur noch erwärmen, nicht mehr kochen.

Scharfe Paprikasoße ○

E 1,5 g	F 15 g	KH 4 g
kcal 160	kJ 670	

4 EL Sahne (50 ml)
1 TL Paprikapulver, edelsüß
1 Pr. Salz
1 Pr. Pfeffer
1 TL geriebener Meerrettich
50 g rote Paprikaschote, in Stücken
1 kleine, frische Peperoni, entkernt oder 1 getrocknete Peperoni

Alle Zutaten mischen und mit dem Pürierstab fein zerkleinern oder die Paprika und die Peperoni sehr fein hacken.

Tomatensoße ○

E 2,6 g	F 5 g	KH 12 g
kcal 105	kJ 440	

60 g Zwiebeln, fein gehackt
1 TL Öl (5 g)
200 g Tomaten geschält, in Würfeln
1/8 l entfettete Brühe
1 Pr. Salz
1 Msp. Thymian
1/4 Lorbeerblatt
1 Msp. Knoblauchpulver

Die Zwiebeln in Öl glasig dünsten. Die Tomaten zugeben, würzen und mit Brühe aufgießen.
Nun kräftig kochen lassen, bis die Hälfte der Flüssigkeit verdunstet ist. Zuletzt nachwürzen und das Lorbeerblatt entfernen.

Pürierte Gemüsesoße ○

E 2 g	F 10 g	KH 2,5 g
kcal 110	kJ 460	

50 g Erbsenschoten, Bohnen oder junge Spinatblätter
1 Pr. Salz
1 zerdrückte Knoblauchzehe
1 Pr. Suppenwürze
1 Pr. Pfeffer oder Muskat
30 g Crème fraîche oder Sahnejoghurt

Das Gemüse in 1/8 l Wasser mit Salz weichkochen, abseihen und den Gemüsesud aufheben. Das Gemüse kalt abschrekken, damit es seine Farbe behält. Danach fein pürieren oder hacken. Mit Knoblauch, Suppenwürze, Pfeffer und Crème fraîche oder Sahnejoghurt verrühren, fünf bis sechs Eßlöffel Gemüsesud zufügen und kurz erhitzen.

Variation

Nehmen Sie für helle Gemüsesoße Sellerie, Spargel oder die weißen Teile von Mangold.

Tip

Sie können die Soße warm oder kalt servieren. Geben Sie zur kalten Soße (zu kaltem Braten) nur ein bis zwei Eßlöffel des übrigen Gemüsesuds.

Quark-Remouladen-Soße ○

E 21 g	F 0,3 g	KH 10 g
kcal 130	kJ 545	

125 g Magerquark
3 EL Buttermilch (50 ml)
1 TL Zwiebel (10 g), fein gehackt
1 TL Karotten (10 g), fein gehackt
1 TL Sellerie (10 g), fein gehackt
1 TL Gewürzgurke (10 g), fein gehackt
1 Pr. Salz
1 Pr. Zitronenpfeffer
1 Pr. Paprika oder Curry
1/2 TL Schnittlauch, geschnitten

Den Quark mit Buttermilch glattrühren. Das Gemüse untermischen, würzen und mit Schnittlauch bestreuen.

Tip

Die Quarkmischung können Sie auch als Salatsoße verwenden. Dazu runden Sie sie mit 1 TL Öl (5 g) und etwas Essig oder Zitronensaft ab und verfeinern mit 1 EL Tomatenmark oder 1 EL Kapern, 1 EL scharfem Senf oder 1 EL gehackten Kräutern.

Fleisch- und Geflügelgerichte

Sie dürfen jeden Braten kalt oder warm essen. **Anhaftendes, sichtbares Fett sollten Sie immer entfernen!** Da die dicken Soßen mit Mehl oder Stärke gebunden werden, dazu das ausgebratene Fett enthalten, sollten Sie darauf verzichten!
Reiner Bratensaft, der wenig Fett enthält, ist den gebundenen Bratensoßen vorzuziehen!

Tip

Gegrillte Braten sind besonders schmackhaft.
Braten im Römertopf gelingen immer.
Braten in durchsichtigen Bratenhüllen müssen während der Garzeit nicht gewendet oder begossen werden.
Zum Würzen eignen sich alle Kräuter und Gewürze.
Die Fettzugabe kann bei all diesen Garmethoden ganz entfallen.

Rindsroulade ○

E 28 g	F 14 g	KH 3 g
kcal 260	kJ 1090	

1 Scheibe Rindfleisch aus der Keule (125 g)
1/2 TL Senf
je 1 Pr. Salz und Pfeffer
1/2 Zwiebel (25 g), in Ringen
25 g Essiggurke, in Streifen
10 g magerer Speck, in Streifen
1 TL gehackte Petersilie
1 Zahnstocher oder 1 Rouladennadel oder 1 langer Bindfaden
1 TL Öl (5 g)
50 g Magermilchjoghurt oder 1 geh. EL Magerquark (30 g)

Das Fleisch auf einer Seite mit Senf bestreichen und würzen. Die Zwiebeln, die Gurke, den Speck und die Petersilie auf das Fleisch legen, zur Roulade rollen und zusammenstecken oder mit dem Faden umwickeln. Nochmals würzen. Die Roulade im heißen Öl anbraten und eine Tasse Wasser aufgießen. Nun 50–60 Minuten zugedeckt schmoren. Anschließend die Roulade herausnehmen, die Soße, wenn nötig, einkochen. Zuletzt Joghurt oder Quark unterrühren und nur noch erhitzen, nicht mehr kochen lassen. Roulade mit der Soße servieren.

Variation

Für Kalbsvögerl nehmen Sie 1 großes, dünnes Kalbsschnitzel, als Füllung 1 hartgekochtes Ei und 20 g mageren gekochten Schinken.

Gekochtes Kalbfleisch in Gemüsejulienne ○

E 29 g	F 2,5 g	KH 8 g
kcal 175	kJ 735	

Für 2 Portionen

250 g Kalbsschulter oder Keule, am Stück
2–3 Pfefferkörner
1 Gewürznelke
1/4–1/2 Lorbeerblatt
1/2 Zwiebel (25 g), in Würfeln
1/2 TL Salz
1/4 l entfettete Brühe
200 g gemischtes Gemüse (Möhren, Lauch, Sellerie), in feinen Streifen = Julienne
1 TL gezupfte Petersilie

Das Kalbfleisch mit den Gewürzen in die kochende Brühe geben und etwa eine Stunde bei schwacher Hitze köcheln lassen. Das Fleisch herausnehmen und warm halten. Die Gemüsejulienne in die Fleischbrühe geben und drei bis vier Minuten garen. Das Fleisch in Scheiben schneiden, mit der Brühe und dem Gemüse anrichten und Petersilienblättchen darüber verteilen.

Tip

Julienne sind feine, etwa streichholzlange Gemüsestreifen, die Sie auch mit einem Juliennereißer oder Universalhobel schneiden können.

Filet Stroganoff ○

E 22 g	F 10 g	KH 7 g
kcal 210	kJ 880	

100 g Rinderfilet, in feinen Streifen
1 TL Öl (5 g)
1 TL Zwiebel (10 g), in feinen Würfeln
50 g Champignons, in Scheiben
1 TL Gewürzgurke (10 g), gehackt
1 kleine Tomate (50 g), gehäutet, in Würfeln
1 Pr. Suppenwürze
1 Msp. Senf
1 Pr. Salz
1 Pr. Pfeffer
1 1/2 EL saure Sahne (25 g)

Das Rinderfilet im heißen Öl unter ständigem Wenden kurz anbraten und dann herausnehmen. Die Zwiebeln im restlichen Fett andünsten, die Champignons, die Gurke und die Tomate zugeben und gar dünsten. Mit 1/2 Tasse Wasser begießen, aufkochen und mit den Gewürzen abschmecken.

Das Fleisch in die Soße geben und kurz erhitzen. Zuletzt die Sahne unterziehen und sofort servieren.

Steak ○

Das Geheimnis der Zubereitung eines guten Steaks ist nur zum Teil in der genauen Beachtung des Rezeptes begründet, wesentlich wichtiger ist die Auswahl des Fleisches. Die Fleischqualität hängt nicht nur vom Alter und Geschlecht des Schlachttieres, sondern auch von der Mast ab.
Steakfleisch sollte mindestens 10 Tage abgehangen sein.
Wichtig ist es auch, daß das Steak nicht mit dem Fleischhammer geklopft wird, sondern daß man es nur mit dem Handballen flachdrückt.

Steakbezeichnungen

Fleisch von der Rinderlende (Roastbeef):
Rumpsteak: 2–3 cm dicke Scheibe von der Ochsenlende (150 g)
Entrecôte: 4–5 cm dicke Scheibe Rinderlende (200 g)
Entrecôte double: bis zu 6 cm dicke und 400 g schwere Lendenscheibe (die kräftige Sehne entfernen)

Fleisch vom Rinderfilet:
Das dickere Ende heißt Filetkopf, das dünn auslaufende Ende ist die Filetspitze.
Beefsteak: 3 cm dicke und 200 g schwere Filetscheibe
Filetsteak: 2 cm dicke und 150 g schwere Filetscheibe vom Filetkopf
Filet Mignon: dickere Scheiben von den Filetspitzen
Tournedo: 3–5 cm dicke Filetscheibe
Chateaubriand: doppelt starkes Filetsteak aus dem Mittelstück, etwa 400–500 g schwer
Porterhouse Steak: auch T-Steak oder T-Bone-Steak: dickere Scheibe Roastbeef inklusive Filet und Knochen

Brattips für Steaks

Um keine zähen „Schuhsohlen“ zu erhalten, ist es ratsam, das Steak vor der Zubereitung mit Öl einzupinseln und dann mindestens 1 Stunde zugedeckt kühlzustellen. Das Steak bleibt zarter, wenn es erst nach dem Braten gesalzen wird.
Beim Braten kommt es darauf an, wie man das Fleisch haben möchte:
rare beziehungsweise fast roh
medium beziehungsweise innen noch rosa
well done beziehungsweise durchgebraten

Merke: Die Steakgröße kann der Diabetiker beliebig wählen, denn das Fleisch ist fettarm und frei von Kohlenhydraten.

Variation

- Vor dem Braten mit Senf bestreichen
- Steak mit Knoblauchzehe oder -pulver einreiben
- Steak mit Salbei, Rosmarin oder Thymian würzen
- Steak mit Paprikapulver oder gehackten Pfefferkörnern bestreuen
- Steak mit grünem Pfeffer braten und anrichten

Kalbs- oder Schweinebraten in Folie ○

E 36 g	F 7 g	KH 3 g
kcal 230	kJ 965	

Für 3 Portionen

500 g Kalbs- oder mageres Schweinefleisch
1–2 zerdrückte Knoblauchzehen
½ TL Salz, 25 g Senf
1 Bratbeutel
40 g Karotten, grob gehackt
40 g Sellerie, grob gehackt
20 g Lauch, in Streifen
15 g Zwiebeln, gehackt
1 EL Öl (10 g)
2–3 EL Weißwein, 1 Pr. Suppenwürze

Das Fleisch salzen, mit Knoblauch und Senf einreiben, in den Bratbeutel legen. Die Folie gut verschließen, die Oberseite mit einer Gabel einstechen, auf den kalten Bratrost legen und das Fleisch im vorgeheizten Ofen etwa 50–60 Minuten bei 200°C braten.

Für die Soße das Gemüse in dem Öl hellbraun braten, 1 Tasse Wasser angießen und durchkochen lassen. Mit Wein und Suppenwürze abschmecken und den Bratensaft aus dem Beutel zugeben.

Tip

Der Braten gelingt ebenso gut, wenn Sie das Fleisch im Römertopf zubereiten. Es wird etwa 90 Minuten bei 200°C gegart. Das Gemüse dazu zuerst in den Topf schichten und das Fleisch darauflegen.

Hirschbraten ○

E 27 g	F 7 g	KH 1,6 g
kcal 205	kJ 860	

Für 4 Portionen

500 g Hirschfleisch von der Schulter oder Keule
½ l Buttermilch
je 1 Pr. Curry, Paprika und Pfeffer
5–8 Wacholderbeeren
3–4 Pfefferkörner
2–3 Pimentkörner
½ TL Salz
1 EL Öl (10 g)
½ Zwiebel (30 g), in Würfeln
⅛ l Rotwein
2 EL saure Sahne (30 g) oder
1 TL Crème fraîche (10 g)

Das Hirschfleisch häuten, in Buttermilch einlegen und 3 Tage zugedeckt ziehen lassen. Dann das Fleisch herausnehmen, kurz abbrausen, trockentupfen und würzen. Im heißen Öl rundherum anbraten und die Zwiebel zugeben. Mit Rotwein ablöschen und auf dem Herd oder im Ofen etwa 60 Minuten bei 200°C fertig schmoren. Bei Bedarf etwas Wasser oder Brühe zugießen. Ist das Fleisch weich, nehmen Sie es heraus und halten es warm. Die Soße durchsieben, abschmekken und mit saurer Sahne verrühren, aber nicht mehr kochen lassen. Das Fleisch in Scheiben schneiden und mit der Soße servieren.

Gegrillte Leberschnitte mit Pilzen ○

E 31 g	F 20 g	KH 10 g
kcal 355	kJ 1485	

- $1/2$ Zwiebel (30 g), in Würfeln
- 1 EL Butter oder Margarine (10 g)
- 100 g Champignons oder Pfifferlinge, in Blätter geschnitten, frisch oder aus der Dose
- 1 Pr. Suppenwürze
- 1 EL Rotwein
- 1 TL gehackte Petersilie
- 1 Pr. Salz
- 125 g Kalbs- oder Schweineleber
- 1 TL Öl (5 g)
- 1 Pr. Rosenpaprika
- je 1 Pr. Pfeffer und Salz

Die Zwiebeln in Butter oder Margarine goldgelb rösten. Die Pilze zugeben, mit Rotwein ablöschen, zugedeckt dünsten und mild salzen. Die Leber würzen, mit Öl bestreichen und grillen (oder von beiden Seiten kurz braten) und anschließend salzen. Die Pilze mit der Petersilie verfeinern und mit der Leberschnitte anrichten.

Variation

Schneiden Sie die Leber in Streifen und braten sie zusammen mit den Pilzen – so erhalten Sie Geschnetzelte Leber nach „Jäger Art".

Hackfleischteig für Bouletten oder Pflanzerl ○

E 34 g	F 24 g	KH 5 g
kcal 390	kJ 1635	

- 125 g mageres Rinderhackfleisch
- 60 g Magerquark
- 1/2 Zwiebel (20 g), in feinen Würfeln
- 1/2 TL gehackte Petersilie
- 1 Pr. Paprika
- 1 Pr. Majoran oder Thymian
- 1 Msp. geriebene Schale einer unbehandelten Zitrone
- 1 Pr. Salz

Das Hackfleisch mit dem Quark, der Zwiebel und den Gewürzen sehr gut verkneten. Daraus Bouletten oder Pflanzerl formen und kurz ruhen lassen. Diese grillen oder kochen – oder in ausgehöhltes rohes Gemüse füllen und zusammen garen.

Tip

Wenn Sie Hackfleisch mit Quark binden, brauchen Sie keine Semmelbrösel (keine BE) und keine Eigelbzugabe (Cholesterin).

Putenragout ○

E 25 g	F 6 g	KH 8 g
kcal 190	kJ 795	

100 g Putenbrust, in Streifen
1 TL Öl (5 g)
1/2 Zwiebel (25 g), in großen Würfeln
1/4 Apfel (25 g), in Würfeln
50 g Paprikaschote, rot oder grün, in Streifen oder Würfeln
1 Pr. Suppenwürze
1 Pr. Safran oder Curry
2–3 EL Weißwein

Das Putenfleisch im heißen Öl rundherum kurz anbraten und in der Pfanne zur Seite schieben. Die Zwiebeln, die Apfelwürfel und die Paprikaschoten zugeben, würzen und mit Weißwein ablöschen. Zugedeckt bei geringer Hitzezufuhr 5–10 Minuten dünsten.

Variation

Sie können Gemüse nach Wahl vorher dämpfen und auf ein gegrilltes Putenschnitzel legen. Nehmen Sie zur Abwechslung Sojakeime und eingeweichte chinesische Pilze.

Hähnchenkeulen ○

E 21 g	F 7 g	KH 0 g
kcal 150	kJ 630	

Für 2 Portionen

2 große Hähnchenkeulen (etwa 100 g Fleisch pro Stück)
1/2 TL Salz
1 Pr. Paprika, edelsüß
1 Pr. Pfeffer
1 Pr. Rosmarin oder Curry
1 EL Butter (10 g)

Die Keulen mit einer Mischung aus allen Gewürzen einreiben, mit Butterflöckchen belegen und im Grill garen oder in der Pfanne braten.

Variation

Hähnchenkeulen gelingen besonders gut, wenn sie in einer Mischung aus einem Teelöffel Öl, einem Teelöffel Zitronensaft und einem Teelöffel Sojasoße etwa zwei Stunden mariniert werden.

Tip

Bei Übergewicht oder Fettstoffwechselstörungen verzehren Sie die Haut von Geflügel nicht mit, da sie einen hohen Fettgehalt aufweist.

Fischgerichte

Helgoländer Fischfilet ○

E 27 g	F 6,5 g	KH 3 g
kcal 270	kJ 1130	

1/2 Zwiebel (30 g), in großen Würfeln
1 TL Öl (5 g)
150 g Seelachs- oder Lengfilet
1 EL Zitronensaft
1 Pr. Salz
1 TL Tomatenmark
1/2 TL mittelscharfer Senf
1 TL Petersilie, in Blättchen
1/8 l Brühe oder Weißwein

Die Zwiebel in Öl goldgelb rösten und abkühlen lassen. Das Fischfilet abbrausen, trockentupfen und mit Zitronensaft und Salz einreiben. Das Tomatenmark und den Senf auf das Filet streichen, Petersilie und Zwiebeln daraufgeben und das Filet aufrollen. Das Fischröllchen im Topf oder einer kleinen Pfanne mit Brühe oder Weißwein 10 Minuten bei milder Hitze dünsten. Dazu passen Tomatensoße und Salzkartoffeln.

Tip

Für die Fischgerichte können Sie Seelachs, Lengfisch, Rotbarsch, Kabeljau, Schellfisch oder Heilbuttfilets nehmen. Bei der Zubereitung sollten Sie immer an die Drei-S-Regel denken: säubern – säuern – salzen.

Forelle in Folie ○

E 30 g	F 11 g	KH 6 g
kcal 250	kJ 1050	

1 Forelle (300 g)
1 EL Essig oder Zitronensaft
100 g Lauch, in feinen Ringen
1 Pr. Salz
1 Pr. Pfeffer
1 EL Butter oder Margarine (10 g)
1 Stück Braten- oder Alufolie
krause Petersilie und Zitronenscheiben

Die Forelle unter fließendem Wasser innen und außen säubern, mit Essig oder Zitronensaft beträufeln und salzen. Die Lauchringe pfeffern und mit Butter- oder Margarineflöckchen mischen, aber nicht vordünsten. Den Fisch damit füllen, eventuell mit einem Hölzchen zusammenstekken. Nun in die Alu- oder Bratenfolie geben und vorschriftsmäßig verschließen. Im Backofen bei 200° C 15–20 Minuten garen. Prüfen Sie vorsichtig an einer Stelle, ob sich das Fischfleisch von den Gräten löst, sonst die Garzeit etwas verlängern. Den Fisch zuletzt mit Petersilie und Zitronenscheiben anrichten.

Fischgulasch ○

E 30 g	F 12 g	KH 9 g
kcal 270	kJ 1130	

30 g Lauch, in feinen Ringen
1 zerdrückte Knoblauchzehe
1 EL Butter oder Margarine (10 g)
100 g Wirsing, in kleinen Stücken
1 kleine Tomate (50 g), gehäutet, entkernt
150 g Fischfilet, frisch oder tiefgefroren
1 TL Zitronensaft
1 Pr. Salz
1 Pr. Oregano
1 Pr. Suppenwürze
3 EL Weißwein
1/8 l milde Brühe
1 TL Schnittlauch, geschnitten

Den Lauch und den Knoblauch in Butter oder Margarine andünsten. Den Wirsing und die Tomate zugeben. Das Fischfilet in große Würfel schneiden, auf das Gemüse legen und würzen. Wein und Brühe zugießen und bei milder Hitze etwa 15 Minuten gar dünsten. Möglichst nicht umrühren und zuletzt mit Schnittlauch bestreuen.

Fischfilet „Pariser Art" ○

E 33 g	F 17 g	KH 0 g
kcal 295	kJ 1235	

150 g Fischfilet, vom Leng- oder Schellfisch
1 EL Zitronensaft
1 Pr. Salz
1 TL Senf oder
1 TL Tomatenmark oder
1 TL Sardellenpaste
1 Ei
1 EL Butter oder Margarine (10 g)
krause Petersilie
2–3 Zitronenecken

Das Fischfilet säubern, säuern, salzen und mit Senf oder Tomatenmark oder Sardellenpaste bestreichen. Anschließend das Ei verquirlen und das Filet darin wenden. In einer heißen Pfanne Butter oder Margarine schmelzen, den Fisch einlegen und das restliche Ei darübergießen. Bei kleiner Hitze 10–15 Minuten backen, dabei einmal wenden. Mit Petersilie und Zitronenecken anrichten.

Fischnockerln in Dillsoße ◐

E 36 g	F 12 g	KH 7 g
kcal 290	kJ 1215	

150 g Fischfilet vom Seelachs oder Kabeljau
1 Eigelb
1 geh. EL Magerquark (30 g)
1/2 TL gehackte Petersilie
1 Pr. Salz
1 Pr. Zwiebelpulver
1/4 l entfettete Brühe (oder Fischsud, siehe Tip Seite 39)
1 gestr. EL Mehl (8 g)
1/8 l Fischsud
1 Pr. Suppenwürze
1 TL Butter oder Margarine (5 g)
1 EL fein gehackter Dill oder andere frische Kräuter

Das Fischfilet durch den Fleischwolf drehen oder im Mixer zerkleinern. Den Fischteig mit Eigelb, Quark und den Gewürzen gründlich durchkneten. Mit zwei feuchten Eßlöffeln Nockerl formen und diese in der heißen Brühe etwa 20 Minuten ziehen, nicht sprudelnd kochen lassen. Die Nockerln anschließend herausnehmen und warm stellen.
Für die Soße das Mehl mit einem Eßlöffel Wasser anrühren, in den Fischsud einrühren und aufkochen lassen. Die Soße würzen, Butter oder Margarine zugeben und zuletzt den Dill unterrühren. Die Soße über die Nockerl gießen und sofort servieren.

Fischfondue ○

E ca. 50 g	F 10 g	KH ca. 3 g
kcal 310	kJ 1300	

Für 4 Portionen

Je 50 g Zwiebeln, Karotten, Sellerie und Lauch, fein gehackt
1 zerdrückte Knoblauchzehe
2 EL Öl (20 g)
1 l entfettete Fleischbrühe
1/4 l trockener Weißwein
1 kg Fischfilet, in 3 cm großen Stücken (am besten Leng- oder Seezungenfilet)

Das Gemüse in heißem Öl dünsten, die Brühe und den Wein dazugeben und aufkochen lassen. Diese Gemüsebrühe in den Fonduetopf gießen und die Fischwürfel einzeln in der Brühe garen.
Servieren Sie zum Schluß die Brühe eventuell mit etwas Weißwein oder Sherry.

Tip

Was Sie **ohne Berechnung** dazu essen dürfen:
Beigaben: Mixed Pickles, Cornichons, Paprikaschoten, eingelegte Pilze.
Perlzwiebeln und Essigfrüchte nur in kleineren Mengen.
Soßen: Remouladensoße, Grüne Soße, Sauce Tartare, Sojasoße, Joghurtsoße, Quarksoße.
Salate: Alle Blattsalate, ohne Obstzugabe.
Beilagen **mit BE-Berechnung:**
Brot: Baguette oder Partysemmeln
Kartoffeln oder Reis
Getränke: Diabetiker-Pils oder trockenen Weißwein

Hauptgerichte und Eintöpfe

Einige der folgenden Fleisch- und Gemüsemischungen sind frei von Broteinheiten, und nur durch eine Beilage von Reis, Nudeln und Kartoffeln kommen die zu berechnenden Kohlenhydrate hinzu.

Die Menge der Beilage können Sie bei Gerichten ohne Broteinheiten selbst nach der Ihnen erlaubten Menge wählen, das heißt die vorgegebene Menge entsprechend zu erhöhen oder zu reduzieren.

Irish Stew ○

E 33 g	F 25 g	KH 7 g
kcal 395	kJ 1620	

- 1 EL Zwiebel (10 g), in Würfeln
- 1 EL Öl (10 g)
- 125 g Lammfleisch, ohne Fett, in 3 cm großen Würfeln
- 150 g Weißkraut, in Streifen
- 1/2 TL Kümmel
- 1 TL Suppenwürze
- 1/8 l entfettete Brühe
- 1 Pr. Salz
- 1 TL gehackte Petersilie

Die Zwiebelwürfel in heißem Öl goldgelb rösten. Das Lammfleisch und das Weißkraut in Schichten darauflegen und jeweils mit Kümmel, Suppenwürze und Salz bestreuen. Die Brühe angießen und 1 Stunde ohne Umrühren köcheln. Vor dem Anrichten eventuell nachwürzen und mit Petersilie bestreut servieren.

Tip

Als Beilage passen Salzkartoffeln in der erlaubten Menge.

Kartoffelnudeln mit Quark ●●●

E 33 g	F 16 g	KH 39 g
kcal 445	kJ 1865	

- 180 g Kartoffeln, mit Schale
- 125 g Magerquark, ausgepreßt
- 1 Eigelb
- je 1 Pr. Salz, Muskat und Pfeffer
- 1 TL gehackte Petersilie
- 1 EL Öl (10 g)

Die Kartoffeln in der Schale als Pellkartoffeln kochen, schälen, heiß durchpressen und abkühlen lassen. Den Quark, das Eigelb und die Gewürze mit den Kartoffeln zu einem festen Teig verarbeiten. Daraus Fingernudeln oder Küchlein formen und in einer beschichteten Pfanne in heißem Öl goldbraun backen.

Tip

Kartoffelnudeln schmecken zu Gemüse und Fleisch, aber auch zusammen mit einer großen Portion frischem Salat. Als süßes Hauptgericht (mit Kompott) sind sie für Diabetiker nicht empfehlenswert.

Nudelauflauf mit Schinken ●●

E 28 g	F 27 g	KH 33 g
kcal 500	kJ 2095	

100 g Vollkornnudeln, gekocht
(= 30 g Nudeln, roh)
1 EL gehackte Petersilie
60 magerer Schinken, in feinen Streifen
125 g Tiefkühlmischgemüse
1 TL Butter oder Margarine (5 g)
1 Ei
50 ml Milch
1 Pr. Salz
1 Pr. Muskat oder Pfeffer
10 g geriebenen Käse

Die Nudeln mit Petersilie mischen und mit dem Schinken und dem aufgetauten Gemüse in eine gefettete Auflaufform oder ein Pfännchen schichten. Das Ei mit Milch und Gewürzen verrühren und darübergießen. Mit Butterflöckchen und Käse bestreuen und etwa 30 Minuten bei 200°C backen, bis sich eine goldbraune Kruste gebildet hat.

Sommergemüsetopf ●●

E 33 g	F 16 g	KH 37 g
kcal 435	kJ 1820	

- 125 g Rindfleisch, in 2 cm großen Würfeln
- 1/2 l entfettete Brühe
- 1 Knoblauchzehe, in Scheiben
- 60 g Kohlrabi, in Würfeln
- 60 g Karotten, in Würfeln
- 120 g Kartoffeln, in Würfeln oder Scheiben
- oder 30 g Vollkornreis
- 60 g Zucchini, in Würfeln
- 60 g Auberginen, in Würfeln
- 60 g Brokkoli, in Röschen
- 1 Pr. Salz
- 1 Pr. Pfeffer oder Muskat
- 1 EL gezupfte Petersilie oder Liebstöckel

Das Rindfleisch und den Knoblauch in die kochende Brühe geben. Lagenweise Kohlrabi, Karotten und Kartoffeln auf das Fleisch schichten und eine Stunde kochen lassen. Anschließend Zucchini, Auberginen und Brokkoli zugeben und weiter köcheln lassen, bis alle Gemüse gar sind. Zuletzt würzen und mit Petersilie oder Liebstöckel bestreuen.

Kohlrouladen (Krautwickerl) ○

E 24 g	F 35 g	KH 11 g
kcal 470	kJ 1970	

200 g Weiß- oder Blaukraut, in großen Blättern
150 g mageres Rinderhackfleisch
1 Ei
1/2 Zwiebel (20 g), in feinen Würfeln
1 TL gehackte Petersilie
1 Pr. Pfeffer oder Kümmel
1 Pr. Paprika, edelsüß
1 Pr. Salz
1 TL Butter oder Margarine (5 g)
5–6 EL Brühe
50 ml saure Sahne

Die dicken Stengel von den Kohlblättern mit einem scharfen Messer abflachen. Das Kraut 3–5 Minuten blanchieren. Vier schöne Blätter zum Füllen bereitlegen und den Rest fein hacken. Das Hackfleisch mit Ei, Zwiebeln, Gewürzen und dem gehackten Kraut gründlich durchkneten. Zwei aufeinanderliegende oder 4 einzelne Krautblätter mit dem Teig füllen und fest zusammenrollen. In ein gefettetes Pfännchen legen und im Backofen mit Brühe bei 200°C etwa 30 Minuten schmoren lassen. Kurz vor Ende der Garzeit die Rouladen mit saurer Sahne begießen.

Variation

Wiegen Sie das ganze ausgedrückte, gekochte Kraut sehr fein und verkneten es gründlich mit der Hackfleischmasse. Formen Sie einen kleinen Laib daraus und backen ihn im Ofen bei 175°C 30–40 Minuten. Ein köstlicher „Krautbraten“, der warm oder kalt aufgeschnitten gut schmeckt.

Tiroler Gröstl ●●●

E 33 g	F 12 g	KH 39 g
kcal 405	kJ 1695	

3 TL Zwiebel (30 g), in Würfeln
1 TL Butter oder Margarine (5 g)
100 g gekochtes Ochsenfleisch oder Bratenreste, in kleinen Würfeln
180 g gekochte Kartoffeln, in Scheiben
1 Pr. Salz
1/2 TL Paprika, edelsüß
1 Ei
2 EL Milch (30 ml)
1 EL gehackte Petersilie oder
1 EL Schnittlauch, geschnitten

Die Zwiebeln in Butter oder Margarine leicht bräunen. Die Fleischwürfel zugeben und kurz mitrösten. Die Kartoffeln unterheben, würzen und mitrösten. Das Ei mit Milch verrühren, darübergießen und stokken lassen. Mit viel Petersilie oder Schnittlauch anrichten.

Vegetarische Moussaka ● ◐

E 23 g	F 33 g	KH 21 g
kcal 485	kJ 2030	

250 g Auberginen
1 TL Salz
3 TL Olivenöl (15 g)
1/2 Zwiebel (30 g), in Würfeln
1 zerdrückte Knoblauchzehe
1 TL gehackte Petersilie
1 Pr. Kräuter der Provence
1 Pr. Pfeffer
100 g Tomaten, geschält, in Scheiben
30 g geriebener Emmentaler Käse
1 Ei
75 g Vollmilchjoghurt

Die Auberginen in 1 cm dicke Scheiben schneiden, leicht salzen und ruhen lassen, bis sich Wassertropfen bilden. Nun mit Küchenkrepp trockentupfen. Die Auberginen in einer beschichteten Pfanne in heißem Öl portionsweise goldgelb braten, anschließend die Hälfte der Scheiben pürieren. Die Zwiebeln und den Knoblauch im verbliebenen Fett andünsten, Gewürze und Tomaten zugeben und kurz dämpfen. Das Auberginenpüree, den Käse, das Ei und den Joghurt unterrühren und lagenweise mit den Auberginenscheiben in eine Form schichten. Obenauf 2–3 Eßlöffel Auberginenpüree streichen und das Ganze bei 200°C etwa 30 Minuten backen.

Spinatauflauf ●

E 12 g	F 13 g	KH 14 g
kcal 230	kJ 965	

- 200 g frischer Spinat oder
- 150 g Blattspinat, tiefgefroren
- 2 EL Zwiebeln (20 g), in feinen Würfeln
- 1 TL Butter oder Margarine (5 g)
- 1 TL gehackte Petersilie
- 15 g Semmelbrösel
- 1 Ei
- 1 Pr. Salz
- 1 Pr. Muskat
- 1/2 TL Öl (3 g) für die Form

Den frischen Spinat kurz blanchieren, gut abtropfen lassen und grob hacken. Gefrorenen Spinat auftauen und abtropfen lassen. Die Zwiebelwürfel in Butter oder Margarine andünsten. Die Petersilie, den Spinat, Semmelbrösel und Eigelb mit den Zwiebeln verrühren und würzen. Das Eiweiß zu Schnee schlagen und unterziehen. Die Masse in eine gefettete Auflaufform geben und 10–15 Minuten bei 200°C backen.

Variation

Nehmen Sie zur Abwechslung Mangold, Chinakohl oder Lattich für dieses Gericht.

Szegediner Gulasch ●

E 25 g	F 30 g	KH 21 g
kcal 470	kJ 1970	

- 125 g fettarmes Rindergulasch, in 2 cm großen Würfeln
- 1 TL Öl (5 g)
- 1/2 Zwiebel (30 g), in Würfeln
- 1 EL Tomatenmark
- 1 TL Paprika, edelsüß
- 125 g Sauerkraut
- 1/8 l fettarme Brühe
- 2–3 EL herber Weißwein
- 60 g Kartoffeln, in Scheiben oder Würfeln
- 1 Pr. Salz
- 1 Pr. Pfeffer
- 1 EL saure Sahne

Das Rindergulasch in heißem Öl anbraten. Die Zwiebeln, das Tomatenmark und das Paprikapulver zugeben und kurz mitrösten lassen. Das Sauerkraut zufügen, mit Brühe und Wein aufgießen, gut durchrühren und aufkochen lassen. Die Kartoffeln unterrühren und bei milder Hitze zugedeckt gar schmoren. Zuletzt würzen und mit saurer Sahne abschmecken.

Tip

Die Kartoffelmenge können Sie je nach den vorgegebenen Broteinheiten erhöhen.

Beilagen

Reis

Reis besteht fast ausschließlich aus Kohlenhydraten.

Eine halbe Tasse gekochter Reis enthält etwa zwei Broteinheiten ●●.
Diese Menge entspricht zwei Eßlöffeln oder 30 g rohem Reis, die gekocht etwa 90 g wiegen.

Nehmen Sie möglichst **ungeschälten Naturreis,** beziehungsweise **Vollkornreis,** der reicher an Vitaminen und Mineralstoffen ist und außerdem noch Ballaststoffe liefert.

Parboiled Reis hat zwar kaum Ballaststoffe, aber mehr Vitamine und Mineralstoffe als geschälter, weißer Reis und Milchreis.

Würzen können Sie Reis beliebig mit Salz, frischen und getrockneten Kräutern sowie Suppen- oder Brühwürze. Die Fettzugabe sollte so gering wie möglich sein, am besten ganz entfallen. Fettarmes Aufwärmen ist in Dampf gut möglich.

Nudeln

100 g gekochte Nudeln enthalten 24 g KH = 2 BE ●●
Diese Menge erhält man aus 30 g getrockneter Ware. Beachten Sie stets die Mengenangaben auf dem Paket. Teilen Sie die gesamte Menge nach Augenmaß in die erlaubten Portionen, dann fällt es Ihnen leichter, die erlaubte Menge an Broteinheiten einzuhalten.

Ein Paket Nudeln mit 250 g ergibt acht Portionen zu je 2 BE.

Abwechslung in den Speiseplan bringen bunte Nudeln und Nudeln aus Vollkornmehl.

Kartoffeln

Eine kleine Kartoffelbeilage von 120 g liefert:

E 2,4 g	F 0 g	KH 24 g
kcal 104	kJ 440	

Die Menge von 120 g entspricht zwei hühnereigroßen Kartoffeln!

Salzkartoffeln, Pellkartoffeln, Brat-, Röst- und Folienkartoffeln mit wenig Fett zubereitet, dürfen Sie als Beilage, nicht als Hauptgericht verwenden, wenn die Kohlenhydratmenge der Mahlzeit damit nicht überschritten wird!

Kartoffelpüree aus 120 g Kartoffeln enthält 2 BE ●● und liefert etwa 200 kcal.

1 **Kartoffelknödel,** etwa tennisballgroß, wiegt etwa 100 g, das entspricht 2 BE ●●. Werden Knödel mit gerösteten Weißbrotwürfeln gefüllt, dann erhöht sich der Fett-, Kohlenhydrat- und Kaloriengehalt unkontrollierbar.

Macaire-Kartoffeln ● ●

E 2,4 g	F 13 g	KH 23 g
kcal 225	kJ 940	

120 g Kartoffeln
1 EL Butter oder Margarine (10 g)
1 TL feingehackte Petersilie
1 Pr. Salz
1 Pr. Muskat oder Pfeffer
1 TL Öl (5 g)

Die Kartoffeln wie Pellkartoffeln kochen, schälen und durch die Presse drücken. Mit Butter oder Margarine und Gewürzen mischen. Kleine runde Küchlein formen und in einer beschichteten Pfanne in heißem Öl auf beiden Seiten goldgelb backen.

Gemüse

Neben frischem Gemüse können Sie auch Tiefkühlware oder Dosengemüse verwenden. Die Menge richtet sich immer nach den erlaubten beziehungsweise anzurechnenden Kohlenhydraten. **Beachten Sie die Mengenangaben auf den Dosen oder Packungen stets genau.**
Gemüse sollte nur mit wenig Wasser (höchstens 1/8 l pro Portion) gedämpft oder im eigenen Saft mit eventuell etwas Suppenwürze gedünstet werden. Es schmeckt besser und schont die Vitamine, wenn es nicht zu weich, sondern bißfest („knackig") gegart wird.
Zum Würzen eignen sich frische oder getrocknete Kräuter wie Petersilie, Dill, Schnittlauch, Bohnenkraut, Oregano, Thymian oder Rosmarin. Salzen Sie erst zuletzt und nur bei Bedarf nach.
Geben Sie wenig Fett in Form von Butter, Margarine oder Öl **möglichst erst nach Ende der Garzeit** zu. Sie sparen dabei nicht nur Kalorien, sondern unterstreichen noch das feine Gemüsearoma.

Sellerie-Karotten-Gemüse ○

E 3 g	F 4 g	KH 14 g
kcal 105	kJ 440	

100 g Sellerie, in Streifen oder kleinen Scheiben
100 g Karotten, in Streifen oder Scheiben
1 Pr. Suppenwürze
1 TL Butter oder Margarine (5 g)
1 TL gehackte Petersilie

Den Sellerie und die Karotten mit Suppenwürze bestreuen und 10–15 Minuten gardämpfen. Auf einem vorgewärmten Teller anrichten, Butter oder Margarine darüber schmelzen lassen und mit Petersilie bestreuen.

Ungarisches Paprikagemüse ○

E 1,5 g	F 10 g	KH 13 g
kcal 145	kJ 605	

150 g rote oder grüne Paprikaschoten in Streifen
1/2 Zwiebel (25 g), in Würfeln oder Ringen
1 EL Öl (10 g)
75 g Tomaten, abgezogen, in Scheiben
1 kleine Knoblauchzehe, zerdrückt
1 EL Tomatenmark
1 Pr. Sellerie- oder Knoblauchsalz
1 Pr. Pfeffer
1 EL Schnittlauch, geschnitten

Die Paprikastreifen und die Zwiebelwürfel oder -ringe in Öl leicht andünsten und eine halbe Tasse Wasser (oder Brühe) zugießen. Die Tomaten, den Knoblauch und das Tomatenmark zugeben, würzen und gar dämpfen.
Mit Schnittlauch bestreut servieren.

Italienisches Gemüse ○

E 4 g	F 13 g	KH 9 g
kcal 175	kJ 735	

125 g Zucchini, in Scheiben
125 g Auberginen, in Scheiben
1 EL Öl (10 g), vorzugsweise Olivenöl
1 EL Tomatenmark
1 kleiner Zweig Rosmarin oder
1 TL getrockneter Rosmarin
1 Pr. Salz
1 Pr. Pfeffer
2 EL Rotwein
10 g geriebener Parmesan
1 EL frische Basilikumblättchen oder
1/2 TL getrocknetes Basilikum

Das Gemüse in Öl kurz anbraten. Tomatenmark, Rosmarin und Gewürze zugeben und zugedeckt gar dünsten. Mit Rotwein abschmecken und mit Parmesan und Basilikum bestreuen.

Bunte Gemüseplatte ○

E 4 g	F 4 g	KH 16 g
kcal 120	kJ 505	

50 g Karotten, in Scheiben oder Stiften
50 g Paprikaschoten, rot oder grün, in Stücken
50 g Brokkoli oder Blumenkohl, in Röschen
50 g Zucchini oder Auberginen, in Scheiben
50 g Fenchel, in Stücken
1 Pr. Salz
1 TL Butter oder Magarine (5 g)
1 EL fein gezupfte Petersilie

Das Gemüse im Sieb vom Schnellkochtopf oder in einen verstellbaren Dämpfeinsatz legen, 1–2 Tassen Wasser zugießen, würzen und im Dampf garen. Vor dem Anrichten mit Butterflöckchen und Petersilie garnieren.

Pfifferlinge in Kräuterrahm ○

E 5 g	F 9 g	KH 9 g
kcal 140	kJ 585	

1/2 Zwiebel (20 g), in Würfeln
1 TL Butter oder Margarine (5 g)
200 g Pfifferlinge, frisch oder aus der Dose
1 Pr. Salz
1 Pr. Pfeffer und Muskat
2 EL Sahne (30 g) oder
1 EL Crème fraîche (15 g)
1 EL fein gehackte Petersilie

Die Zwiebeln in Butter oder Margarine goldgelb dünsten. Die Pfifferlinge zugeben und würzen. Eventuell mit 3–4 Eßlöffeln Wasser aufgießen und kurz dünsten. Die Sahne oder Crème fraîche und Petersilie zugeben und servieren.

Tip

Nach diesem Rezept können Sie auch alle anderen Pilze zubereiten. Pilze sind kohlenhydratarm.

Rosenkohl mit Speck ○

E 11 g	F 19 g	KH 16 g
kcal 290	kJ 1215	

200 g Rosenkohl, frisch oder tiefgefroren
1 Pr. Salz
15 g Speck, in Würfeln
1/2 EL Zwiebeln (15 g), in Würfeln
1 TL Öl (5 g)
1 Msp. Muskat
1 Pr. weißer Pfeffer
1 TL geriebener Käse (5 g)

Den Rosenkohl über Dampf von etwa 1/8 l kochendem Wasser mit Salz 15 Minuten garen (Tiefkühlgemüse nur etwa 5 Minuten). Das Gemüsewasser aufheben. Den Speck mit Zwiebelwürfeln in heißem Öl andünsten, mit 3–4 Eßlöffeln Gemüsewasser ablöschen und würzen. Den Rosenkohl dazugeben und in der Soße schwenken. Mit dem Käse bestreut anrichten.

Florentiner Blattspinat ○

E 13 g	F 14 g	KH 4 g
kcal 200	kJ 835	

1 EL Butter oder Margarine (10 g)
200 g zarte Spinatblätter
1 Pr. Salz
1 Pr. Muskat
1 Pr. Suppenwürze
1 TL Zitronensaft
1 hartgekochtes Ei, gehackt
oder 1 EL geriebener Parmesankäse
eventuell 1 EL magerer Schinken, in Würfeln

Die Butter oder Margarine in einem Topf zerlassen, den tropfnassen Spinat zugeben und zugedeckt zusammenfallen lassen. Nun würzen und vor dem Servieren das Ei, den Käse und eventuell Schinken über den Spinat streuen.

Variation

Chinakohl und Lattich können Sie in gleicher Weise zubereiten.

Salate und Rohkost

Salat enthält in 100 g eßbarem Anteil so gut wie keine Kohlenhydrate, nur Spuren von Eiweiß und Fett und etwa 10–17 kcal. Salat liefert die Vitamine A, B_1, B_2 und C, die Mineralstoffe Kalium, Kalzium, Phosphor, Eisen und dazu Ballaststoffe.
Der eigenen Phantasie sind bei der Salatzubereitung keine Grenzen gesetzt. Die verschiedenen Dressings, zum Beispiel mit Sahne, Joghurt, Käse, Crème fraîche oder die Zugabe von Zitronensaft oder unterschiedlichen Essig- beziehungsweise Ölarten sowie die Verwendung von Obst oder anderen Gemüsesorten und Kräutern oder auch Fisch oder Fleisch lassen den Salat jedes Mal zu einer neuen Köstlichkeit werden.
Achten Sie beim Einkauf von Blattsalat auf feste, frische Köpfe. Bei Chicorée sollten die Kolben fest geschlossen sein. Viele neue Salatsorten bietet der Handel an:

Radicchio: Es gibt zwei Arten dieser festen, kleinen Köpfe – den roten Radicchio und den grünen, beide schmecken sie herb-bitter.

Frisée: Das ist eine krausblättrige Züchtung von Endiviensalat, mit schmalen, feinen Blättern.

Römischer Salat: Er heißt auch Romana oder Lattich und schmeckt als Salat und gekocht als Gemüse.

Chicorée: Die weißen Kolben schmecken leicht bitter, deshalb immer den harten Strunk kegelförmig ausschneiden.

Eisbergsalat: Er wird auch Eis- oder Krachsalat genannt und schmeckt mild nußartig. Er hält sich in einer Plastikfolie – wie kein anderer Salat – im Kühlschrank lange frisch.

Bleichsellerie: Bekannt auch als Staudensellerie; er läßt sich gut als Gemüse verwenden. Die Stiele eignen sich roh gut zum „Knabbern", schmecken auch gefüllt sehr gut.

Eichblattsalat: Das ist eine Endivienart mit grüner oder auch roter Färbung. Die zarten Blätter schmecken leicht nussig.

Bataviasalat: Mit ihm ist ein Zwischentyp aus Kopf- und Eissalat gezüchtet worden. Die Blattränder sind rötlich gefärbt.

Lollo Rosso: Stark gekrauste Blätter. Ihre Innenseiten sind weißlich-grün, die Ränder intensiv rot gefärbt.

Romanasalat „südländische Art“ ○

E 2 g	F 10 g	KH 10 g
kcal 145	kJ 605	

- 1 EL Olivenöl (10 g)
- 1 EL Kräuter oder Weinessig
- 1 Pr. Salz
- 1 EL Zwiebel (10 g), fein gehackt
- 1/2 TL feingehackte Petersilie
- 50 g Romanasalat
- 1 kleine Tomate (50 g), in Vierteln
- 100 g Wassermelone, entkernt, in Würfeln
- 1 Zweig frische Minze oder Salbei

Aus Öl, Essig, Salz, Zwiebeln und Petersilie eine Marinade zubereiten. Die Salatblätter, die Tomaten und Melonenstücke dazugeben und vorsichtig mischen. Den Salat anrichten und mit Minze oder Salbei garnieren.

Zucchinisalat ●●

E 9 g	F 11 g	KH 29 g
kcal 260	kJ 1090	

150 g Zucchini, ungeschält, in feinen Scheiben
50 g Radieschen, in Vierteln
2–3 Blätter grüner Salat
50 g Mais, aus der Dose, abgetropft
100 g Magermilchjoghurt
1 EL Öl (10 g)
1 Schalotte oder ½ kleine Zwiebel (20 g), fein gehackt
1 Pr. Salz
1 Pr. Pfeffer
1–2 TL Zitronensaft
1 EL grob gehackter Dill

Die Zucchini und die Radieschen mischen und auf den Salatblättern anrichten. Den Mais darüber verteilen.
Aus den übrigen Zutaten eine milde Salatsoße rühren, darübergießen und kurz durchziehen lassen.

Tip

Wenn Sie den Salat ohne Mais zubereiten, müssen Sie keine BE anrechnen.

Fenchelsalat mit Orangen ●●

E 10 g	F 16 g	KH 29 g
kcal 210	kJ 1300	

1 kleine Fenchelknolle (150 g)
100 g Orangen, in Würfeln
1 EL Öl (10 g)
½ Becher Magermilchjoghurt (75 g)
1 TL Zitronensaft
1–2 Tropfen Süßstoff
1 Pr. Salz
1 Pr. Pfeffer
10 g Mandelstifte, leicht geröstet
Fenchelgrün zum Garnieren

Den Fenchel halbieren, den Strunk entfernen, quer in feinste Streifen schneiden und mit den Orangen mischen. Aus Öl, Joghurt, Zitronensaft, Süßstoff, Salz und Pfeffer eine Soße zubereiten. Den Salat damit anmachen und mit Fenchelgrün und Mandeln anrichten.

Tip

Statt Fenchel können Sie fein gehobelten Kohlrabi oder Gurken verwenden. Auf Radicchioblättern oder mit Eichblattsalat angerichtet schmeckt der Salat besonders gut.

Chicoréesalat mit Roquefortsoße ○

E 8 g	F 12 g	KH 5 g
kcal 165	kJ 690	

100 g Chicorée
40 g Roquefortkäse
1 TL Öl (5 g)
20 ml süße Sahne
1 EL Weinessig
1 Pr. Salz
1 Pr. Pfeffer
3 Tropfen Süßstoff
2–3 grüne Salatblätter
10 g Haselnüsse gehackt oder
in Blättchen

Den Chicorée halbieren, den Kegel entfernen und in Ringe schneiden. Den Roquefort zerdrücken und mit den restlichen Zutaten gut verrühren. Den Chicorée in die Soße geben, vorsichtig durchmengen und auf Salatblättern anrichten. Mit Haselnüssen bestreut servieren.

Italienischer Paprikasalat ○

E 2 g	F 10 g	KH 10 g
kcal 145	kJ 605	

200 g feste, rote Paprikaschoten
1 EL Olivenöl (10 g)
1/2 zerdrückte Knoblauchzehe
1–2 EL Essig
1 Pr. Salz
1 TL fein gehackte Petersilie

Die Paprikaschoten halbieren und das Kernhaus entfernen. Im Backofen auf höchster Stufe oder unter dem Grill rösten, bis sich die Haut dunkel färbt. Nun die Schoten aus dem Ofen nehmen und mit einem feuchten Tuch bedeckt auskühlen lassen, die Haut abziehen und in Streifen schneiden. Aus Olivenöl, Knoblauch, Essig und Salz eine Salatsoße rühren. Die Paprika darin wenden, auf einem Glasteller anrichten und mit Petersilie bestreuen.

Sauerkrautsalat ●

E 3 g	F 5 g	KH 15 g
kcal 120	kJ 500	

150 g frisches Sauerkraut oder
Dosenware
100 g Apfel, in feinen Schnitzen
1 TL Öl (5 g)
20 ml Apfelsaft
1 Pr. Salz
1 Msp. Kümmel oder Pfeffer
1 EL Zwiebel (10 g), fein gehackt

Das Sauerkraut auflockern und eventuell grob hacken. Den Apfel daruntermischen. Aus den übrigen Zutaten eine Salatsoße herstellen. Zum Sauerkraut geben, vorsichtig mischen und gut durchziehen lassen.

Blumenkohl-Kresse-Salat ○

E 2 g	F 5 g	KH 6 g
kcal 80	kJ 335	

100 g gekochter Blumenkohl, in Röschen
1–2 EL Weißweinessig
1/2 TL scharfer Senf
1 Msp. Cayennepfeffer
1 Msp. weißer Pfeffer
1 TL Öl (5 g)
2 Salatblätter (Lollo Rosso oder Batavia)
1/2 Schachtel Kresse

Den Blumenkohl zuerst mit den Köpfen nach unten in eine Schale legen. Aus Essig, Senf, Gewürzen, Öl und 1–2 Eßlöffeln Wasser (oder Blumenkohlkochwasser) eine Marinade rühren, über den Blumenkohl gießen und etwa 20 Minuten ziehen lassen. Dann die Röschen auf einem Teller zusammen mit den Salatblättern anrichten und zuletzt die Kresse dekorativ darüber verteilen.

Feldsalat „Spezial" ○

E 0,7 g	F 5 g	KH 7 g
kcal 80	kJ 335	

Für 2 Portionen

- 50 g Radicchio
- 30–40 g Feldsalat
- 50 g Apfel, ungeschält, in Schnitzen
- 50 g Orangen, geviertelt, in Scheiben
- 1 EL Olivenöl (10 g)
- 1 TL Kräuteressig
- 1/2 zerdrückte Knoblauchzehe oder
- 1 EL Zwiebel (10 g), fein gehackt
- 1/2 TL mittelscharfer Senf
- 1 Pr. Salz
- 1 Msp. Pfeffer
- 2–3 Tropfen Süßstoff
- 1–2 EL Orangensaft

Den Radicchio- und den Feldsalat in einer großen Schale anrichten und den Apfel und die Orange vorsichtig daruntermischen.

Aus den übrigen Zutaten eine Salatsoße rühren, über den Salat träufeln und erst bei Tisch behutsam mischen.

Kartoffelsalat ●●

E 3 g	F 10 g	KH 26 g
kcal 210	kJ 880	

120 g Kartoffeln
1/2 Zwiebel (20 g), in feinen Würfeln
30 g Essiggurke, in kleinen Würfeln
30 g Tomatenpaprika oder frische Gurke, in kleinen Würfeln
5–6 EL entfettete kräftige Brühe
1–2 TL Essig
1 EL Öl (10 g)
1 Pr. Salz
1 Pr. Pfeffer
1/2 TL mittelscharfer Senf
1 TL Schnittlauch, geschnitten

Die Kartoffeln wie Pellkartoffeln kochen, schälen und heiß in Scheiben schneiden. Mit den Zwiebeln, den Gurken und dem Paprika in eine Schüssel geben. Die heiße Brühe mit Essig und Öl darübergießen, würzen und alles vorsichtig mischen. Mit Schnittlauch bestreut servieren.

Merke: Prägen Sie sich die Portionsgröße für 24 Gramm KH = 2 BE gut ein. So können Sie beim Auswärtsessen Ihre erlaubte Menge leichter einschätzen.

Bunter Sommersalat ○

E 2 g	F 10 g	KH 8 g
kcal 135	kJ 565	

1 EL Weinessig
1 Pr. Salz
1–2 Tropfen Süßstoff
1 Msp. weißer Pfeffer
1 EL Olivenöl (10 g)
1/2 zerdrückte Knoblauchzehe
1 EL Zwiebel (10 g), fein gehackt
1/2 TL fein gehackter Dill
1/2 TL fein gehackte Petersilie
1/2 TL Schnittlauch, geschnitten
25 g Rettich, in Scheiben
25 g Zucchini, in Scheiben
25 g grüne Paprikaschote, in Streifen
25 g Radieschen, halbiert
1 kleine Tomate (50 g), in Achteln
30 g Eisbergsalat, in Stücken

Aus Essig, Salz, Süßstoff, Pfeffer, Öl, Knoblauch, Zwiebel und den Kräutern eine Salatsoße rühren. Das geschnittene Gemüse hineingeben, vorsichtig wenden und gut durchziehen lassen.

Tip

Sie können, je nach Jahreszeit, auch andere Gemüse oder Blattsalatsorten verwenden. Wenn Sie den Salat mit Schafskäsewürfeln und Eischeiben garnieren und dazu frisches Baguette reichen, erhalten Sie eine sättigende Mahlzeit.

Süßspeisen und Desserts

Orangenschaum ◐

E 3 g	F 1,2 g	KH 6 g
kcal 50	kJ 210	

Für 2 Portionen

2 Blatt weiße Gelatine
110 ml Orangensaft gemischt mit
100 ml Wasser
1 TL Zitronensaft
flüssiger Süßstoff nach Belieben
1 Eiweiß
Schale einer unbehandelten Orange,
in feinen Streifen (Julienne)

Die eingeweichte, aufgelöste Gelatine mit Orangensaft, Wasser, Zitronensaft und Süßstoff mischen. Die Speise kalt stellen, bis sie zu gelieren beginnt. Nun das Eiweiß zu Schnee schlagen und unterziehen. Den Orangenschaum in 2 Glasschälchen füllen und mit der Orangenschale garnieren.

Tip

Sie können statt Orangensaft auch Saft von einer Zitrone mit 150 ml Wasser mischen, dann enthält diese erfrischende Nachspeise keine anzurechnenden Kohlenhydrate oder BE.

Joghurtköpfli mit Mandarinen ●

E 5 g	F 1 g	KH 11 g
kcal 75	kJ 315	

1 Blatt weiße Gelatine
1 Becher Magermilch (150 g)
1 TL Zitronensaft
flüssiger Süßstoff nach Belieben
50 g frische oder ungezuckerte
Dosenmandarinen

Die eingeweichte, aufgelöste Gelatine mit Joghurt gut verrühren. Den Zitronensaft und den Süßstoff zugeben, in eine kleine Puddingform füllen und kalt stellen. Vor dem Anrichten die Form kurz in heißes Wasser halten, das Gelee stürzen und mit Mandarinen umlegen.

Variation

Sie können je nach Geschmack und Jahreszeit für 6 Gramm KH = $1/2$ BE jedes andere Obst verwenden. Wenn Sie die Früchte mit in das Gelee geben möchten, brauchen Sie zwei Blatt Gelatine zum Binden.

Himbeeren in Weingelee ●

E 2,8 g	F 0 g	KH 12 g
kcal 150	kJ 630	

75 g Himbeeren
1 Blatt weiße Gelatine
1 Blatt rote Gelatine
1 TL Zitronensaft
flüssiger Süßstoff nach Belieben
1/8 l Rotwein
1 Sahne- oder Quarktupfen
1 schöne Himbeere

Die Himbeeren in ein Schälchen legen. Die eingeweichte, aufgelöste Gelatine mit Zitronensaft, Süßstoff und Rotwein mischen und langsam über die Himbeeren gießen. Die Speise kalt stellen und vor dem Servieren mit einem Sahne- oder Quarktupfer und der Himbeere verzieren.

Pfirsichmousse ●

E 6 g	F 0 g	KH 11 g
kcal 70	kJ 295	

100 g Pfirsiche, in Stücken
1 EL Zitronensaft
flüssiger Süßstoff nach Belieben
1 Eiweiß
1 Schokoladenornament aus Diabetikerschokolade

Die Pfirsiche mit Zitronensaft und einem Eßlöffel Wasser dünsten und anschließend pürieren. Mit dem Süßstoff abschmecken und erkalten lassen. Das Eiweiß zu Schnee schlagen und unterheben. Die Mousse mit einem Schokoladenornament verzieren und sofort servieren.

Variation

Nehmen Sie statt Pfirsichen gedünstete Aprikosen, nach Belieben die Masse für Eis einfrieren.

Apfelschnee ●

E 5 g	F 9 g	KH 13 g
kcal 160	kJ 670	

1 kleiner Apfel (100 g), ungeschält, in Vierteln
1 TL Zitronensaft
flüssiger Süßstoff nach Belieben
2 EL süße Sahne (30 g), (geschlagen = 1 geh. EL)
1 Eiweiß
1/2 TL Diabetikerschokolade, fein gehobelt

Den Apfel auf der Rohkostreibe bis zur Schale grob hobeln und sofort mit Zitronensaft und Süßstoff mischen, um ein Anlaufen zu verhindern. Die Sahne und das Eiweiß getrennt steif schlagen und unterheben. Den Apfelschnee in Dessertschälchen füllen, mit der Schokolade bestreuen und sofort servieren.

Heidelbeerquark ◐

E 16 g	F 9,5 g	KH 7,5 g
kcal 185	kJ 775	

100 g Magerquark
2 EL herber Rotwein
flüssiger Süßstoff nach Belieben
50 g Heidelbeeren, frisch oder tiefgefroren
2 EL süße Sahne (30 g), geschlagen

Den Quark mit dem Rotwein und dem Süßstoff verrühren. Zwei Drittel der Heidelbeeren mit einer Gabel zerdrücken und unter den Quark mischen. Die Schlagsahne unterheben, in ein Schälchen füllen und kaltstellen. Den Quark vor dem Servieren mit den restlichen Heidelbeeren garnieren.

Kaffeecreme ○

E 3 g	F 8 g	KH 0,9 g
kcal 100	kJ 420	

Für 2 Portionen

1 Blatt weiße Gelatine
125 ml fertiger Bohnenkaffee oder
1 TL Pulverkaffee, mit 125 ml Wasser aufgegossen
flüssiger Süßstoff nach Belieben
1 Eiweiß
50 g Schlagsahne
2 Kaffeebohnen

Die eingeweichte, aufgelöste Gelatine mit kaltem Bohnen- oder Pulverkaffee und Süßstoff mischen. Kalt stellen, bis die Creme zu gelieren beginnt. Das Eiweiß und die Sahne getrennt steif schlagen und zwei Drittel der Sahne und den Eischnee unterziehen. In zwei Dessertschälchen füllen, mit Sahnetupfern und Kaffeebohnen garnieren.

Gefüllte Melone ●

E 17 g	F 7 g	KH 12 g
kcal 225	kJ 940	

Für 2 Portionen

- $^{1}/_{2}$ Netzmelone (300 g Fruchtfleisch)
- 1 Pr. Pfeffer aus der Mühle
- 200 g körniger Frischkäse
- 1 TL Zitronensaft
- flüssiger Süßstoff nach Belieben
- 4 Kirschen
- 10 g Mandeln, in Blättchen, geröstet

Von der halben Melone unten eine dünne Scheibe abschneiden, damit sie Stand bekommt. Dann die Kerne herausschaben. Das Fruchtfleisch herauslösen und in kleine Würfel schneiden. Das Schaleninnere mit Pfeffer würzen. Den Frischkäse mit Zitronensaft, Süßstoff und Fruchtfleisch vermengen und die Melone damit füllen. Mit Kirschen und gerösteten Mandelblättchen garnieren.

Variation

Sie können die Melone auch in Spalten schneiden, abwechselnd mit Frischkäse auf Glastellern anrichten und mit Melisse- oder Minzezweigen garnieren.

Johannisbeercreme ●

E 5 g	F 1 g	KH 13 g
kcal 85	kJ 335	

- 1 Blatt rote Gelatine
- 100 ml roter Johannisbeersaft, ohne Zucker
- flüssiger Süßstoff nach Belieben
- 1 TL Zitronensaft
- 1 Eiweiß
- 1 Zitronenscheibe

Die eingeweichte, aufgelöste Gelatine (siehe Tip Seite 83) mit dem Johannisbeersaft gut verrühren und kalt stellen. Wenn die Masse zu gelieren beginnt, das Eiweiß zu Schnee schlagen und unterheben. Mit einer ausgezackten Zitronenscheibe garnieren.

Variation

Fruchtcreme können Sie auch mit jedem anderen Fruchtsaft herstellen. Bitte nehmen Sie nicht mehr Saft als für 12 Gramm KH = 1 BE erlaubt sind, fehlende Flüssigkeit können Sie mit Wasser ergänzen.

Tip

Gelatine ist ein kohlenhydratfreies Bindemittel für süße und salzige Speisen.
Die Gelatineblätter lassen sich einzeln gut für kleine Portionen verwenden.
Die Blätter immer zuerst in ein Viertel Liter kaltem Wasser etwa 2–3 Minuten einweichen, bis sie sich ganz weich anfühlen.
Die Blätter nun aus dem Wasser heben und in einer Tasse, die in ein Wasserbad gestellt wird, auflösen, um sie in noch flüssiger Form an eine kalte Speise zu geben.
An heiße Speisen können Sie die eingeweichten Blätter unaufgelöst geben. Die Speise wird fest, wenn sie erkaltet ist.
Niemals sollte eine Flüssigkeit mit Gelatine gekocht werden!
Eischnee oder Sahne kann erst unter die Speise gehoben werden, wenn diese zu stocken beginnt, da sie sich sonst oben absetzen würde.

Tropischer Fruchtsalat ●

E 1,3 g	F 0 g	KH 12 g
kcal 65	kJ 270	

Für 2 Portionen

- 50 g Kiwi, in Scheiben
- 100 g Karambole, in Scheiben
- 50 g Erdbeeren, in Vierteln
- 50 g Papaya oder Melone, in Stücken
- 1 EL Zitronensaft
- flüssiger Süßstoff nach Belieben
- 1 EL weißer Rum
- 2 Minzezweige

Die geschnittenen Früchte mit Zitronensaft, Süßstoff und Rum vermischen und zugedeckt etwa eine Stunde kalt stellen. Mit den Minzezweigen garnieren.

Tip

Köstlich schmeckt auch eine Fruchtsalatmischung aus Kiwi, Papaya und Lychees.

Scheiterhaufen ◐●●●

E 13 g	F 18 g	KH 44 g
kcal 400	kJ 1675	

1 Vollkornbrötchen, in feinen Scheiben
100 g Apfel, in Schnitzen
1 Ei
1/8 l Milch
flüssiger Süßstoff nach Belieben
1 Pr. Zimt
1 Msp. geriebene Schale einer unbehandelten Zitrone
1 EL Butter (10 g)

Die Brötchen- und Apfelschnitze mischen. Das Ei mit der Milch verrühren und mit Süßstoff, Zimt und Zitronenschale abschmecken. Eine kleine, feuerfeste Form mit etwas Butter fetten, die Apfel-Brötchen-Mischung einfüllen, die Eiermilch darübergießen und mit Butterflöckchen belegen. Bei 200° C 20–30 Minuten backen, bis sich eine braune Kruste bildet.

Variation

Statt Äpfel können Sie auch Kirschen verwenden, so haben Sie ein neues Rezept für „Kirschmichel". Nach Belieben können Sie die Speise mit 1 Teelöffel Kakao färben.

Reis-Quark-Auflauf ●●◐

E 28 g	F 17 g	KH 34 g
kcal 410	kJ 1715	

30 g Schnellkochreis
1/8 l Vollmilch
1 Ei
1 EL Butter oder Margarine (10 g)
12 g Zuckeraustauschstoff
Saft und Schale einer unbehandelten Zitrone
100 g Magerquark
Butter für die Form

Den Reis in der Milch zum Kochen bringen und kurz ausquellen lassen. Das Ei mit Butter oder Margarine und dem Zuckeraustauschstoff schaumig rühren, Zitronensaft und -schale dazugeben. Den Quark und den Reisbrei darunterrühren. Die Masse in ein gefettetes Pfännchen oder Auflaufförmchen füllen, Butterflöckchen darauf verteilen und bei 200° C 20–30 Minuten backen, bis sich eine braune Kruste bildet.

Gebäck

Partysemmeln ◐

E 2,1 g	F 2,2 g	KH 6,5 g
kcal 55	kJ 230	

Für 15 Stück

- 1/2 Würfel Frischhefe oder
- 1 Päckchen Trockenhefe
- 1/8 l Milch
- 125 g Mehl Type 405
- 125 g Weizenvollkornmehl
- 2 1/2 EL Butter oder Margarine (25 g)
- 1 Pr. Salz
- 1 Eigelb oder 1/2 Ei

Die Hefe in der Milch auflösen, alle angegebenen Zutaten mischen und mit der Hefe-Milch-Mischung zu einem festen Teig verkneten. An einem warmen Ort knapp zur doppelten Größe aufgehen lassen. Anschließend erneut durchkneten und 15 Semmeln à 30 g daraus formen. Diese auf ein mit Backpapier belegtes Blech legen, die Semmeln nochmals aufgehen lassen und dann bei 200° C 20–30 Minuten backen.

Variation

Sie können aus dem Teig auch Brezeln, Zöpfe oder Schlingen formen. Diese werden vor dem Backen mit Wasser oder Milch bestrichen und mit Kümmel, grobem Salz, Sesam oder Mohn bestreut.
Die Semmeln können Sie gut einfrieren.

Brot aus dem Tontopf ●●

E 4,4 g	F 1,5 g	KH 26 g
kcal 140	kJ 585	

Für 10 Scheiben, halbiert

- 500 g Weizenschrot, 1/2 l Wasser
- 2 Päckchen Trockenhefe
- 1 EL Salz
- 1 TL Brotgewürz, ganz oder gemahlen (Kümmel, Koriander oder Fenchel)
- 250 g Mehl Type 405
- 2 EL Butter oder Margarine (20 g)
- 1 gewässerter Tontopf (1 1/2 l Fassungsvermögen)

Das Weizenschrot mit Wasser anrühren und 4–5 Stunden quellen lassen. Anschließend die Trockenhefe, Salz und Gewürze einarbeiten und den Teig eine halbe Stunde ruhen lassen. Danach das Mehl unterkneten. Den gewässerten Tontopf, auch den Deckel, sorgfältig fetten. Den Teig einfüllen, den Deckel aufsetzen und 15 Minuten an einem warmen Ort gehen lassen. Den Topf in den kalten Backofen geben, den Ofen auf 200° C einstellen und das Brot etwa 2 Stunden backen.

Tip

Um zu prüfen, ob das Brot durchgebacken ist, klopfen Sie an seine Unterseite, so wie man an eine Tür pocht. Es muß hohl klingen, dann ist es fertig.

Brötchen ohne Kohlenhydrate ○

E 6 g	F 3 g	KH 0,7 g
kcal 55	kJ 230	

Für 6 Stück

- 3 Eier (Gew.-Klasse 3 oder 4)
- 100 g Magerquark, ausgepreßt
- 1 Pr. Salz
- Gewürze nach Wahl oder
- 1–2 Tropfen Süßstoff

Die Eier sorgfältig trennen. Die Eigelbe mit Quark und den Würzzutaten mischen. Die Eiweiße zu sehr steifem Schnee schlagen und unter die Eigelb-Quark-Masse ziehen. Das Backblech mit Alu- oder Backfolie belegen, die Masse in 6 Häufchen daraufsetzen und 60 Minuten bei 150°C (schwache Hitze) backen. Im Ofen auskühlen lassen.

Merke: Mit Speisequark, 20% Fett, gelingen die Brötchen nicht. Der Magerquark soll möglichst trocken sein. Bei sehr feuchtem Quark etwa 150 g mit Küchenkrepp oder einem Tuch auspressen und dann erst die benötigte Menge abwiegen.

Kümmelstangen ●

1 Stück enthält:

E 0,8 g	F 1,3 g	KH 2,8 g
kcal 30	kJ 130	

1 BE für 4 Stück ●
Rezept für 40 Stück

- 1 Rezept für Quark-Öl-Teig, ohne Süßstoff
- 1 Eiweiß
- 1 EL Kümmel
- 1 TL Salz, eventuell grobes Meersalz

Den Teig wie auf Seite 89 angegeben zubereiten. In 4 Teile teilen und jedes Teil nochmals in 10 Stücke schneiden. Diese mit bemehlten Händen zu etwa 10 cm langen Stangen rollen und auf ein mit Backpapier belegtes Blech geben. Das Eiweiß leicht verschlagen, die Stangen damit bestreichen und mit Salz und Kümmel bestreuen. Bei 200°C 5–7 Minuten hellbraun backen.

Quark-Öl-Teig ●

E 3,5 g	F 6 g	KH 12 g
kcal 120	kJ 500	

Für 9 Stück

75 g Magerquark
5 EL Öl (50 g)
50 ml Magermilch
1 Pr. Salz
flüssiger Süßstoff nach Belieben
150 g Weizenvollkornmehl
1/2 Päckchen Backpulver

Den Quark mit Öl, Milch, Salz und Süßstoff verrühren. Das Mehl mit Backpulver sieben und dazugeben. Die Zutaten rasch zu einem Teig verkneten und Gebäckstücke (siehe Variation) daraus formen. Ein Kuchenblech mit Alu oder Backfolie belegen und das Gebäck darauf bei 200°C 15–20 Minuten backen.

Variation

Aus dem Teig können Sie die unterschiedlichsten Gebäcke formen:

- süße oder salzige **Brötchen** oder **Brezeln.** Bei 18 Stück haben Sie halbe Kalorienzahl
- einen **Zopf** oder 9 **Wecken**
- **Hörnchen** oder **gefüllte Taschen,** mit Obst- oder Quarkfüllung (höhere Kalorienzahl, je nach Füllung)
- **Blechkuchen** mit Quarkaufstrich oder Obst.

Merke: Teilen Sie Obstkuchen oder gefüllte Teilchen in 12 Stücke, um die Kalorienzahl und die BE einzuhalten.

Vollkornbiskuit ●

E 2,4 g	F 1,4 g	KH 12 g
kcal 70	kJ 295	

Für 15 Stück

3 Eier
100 g Diabetiker-Süße
geriebene Schale von 1/4 unbehandelten Zitrone
125 g Weizenvollkornmehl
1 gefettete Kasten- oder Springform oder 1 gefettetes Blech

Die Eier und die Diabetiker-Süße mit dem elektrischen Rührgerät sehr schaumig schlagen. Die Zitronenschale und das Mehl locker mit dem Schneebesen unterheben. Den Biskuit in die gewünschte Form füllen und bei 175°C 15–30 Minuten hellbraun backen.

Variation

Sie können daraus einen **Obstkuchenboden** herstellen, auf dem Blech den Boden für eine **Biskuitroulade** backen oder im Kastenkuchen das Gebäck für **Zwieback** herstellen.
Dazu am nächsten Tag den Kuchen in 15 Scheiben schneiden. Auf einem Rost nebeneinander liegend bei 100°C im Backofen rösten, bis die Schnitten fest geworden sind.

Käsetaler ●

1 BE für 5 Stück

E 1,5 g	F 4,3 g	KH 2,2 g
kcal 55	kJ 230	

Für 10 Stück

100 g Blätterteig, tiefgefroren
1 Eigelb
30 g Emmentaler Käse,
fein oder grob gerieben
1 Pr. Kümmel oder Paprika
oder Sesam oder Mohn oder grobes Salz

Den Blätterteig auftauen und zu einem Quadrat von etwa 15 cm ausrollen. Daraus 9 Kreise zu je 5 cm Durchmesser ausstechen und aus den Teigresten dann den 10. Kreis ausstechen. Die Taler mit Eigelb bestreichen und mit Käse und Gewürzen oder mit anderen Zutaten nach Belieben bestreuen. Die Taler auf ein mit Backpapier oder Alufolie belegtes Blech geben und bei 200°C 8–10 Minuten hellbraun backen.

Tip

Wenn Sie die Schnittkanten mit Eigelb bestreichen, gehen die Taler in der Mitte auf wie Kissen und bleiben am Rand schmal. Wenn Sie die Taler nur in der Mitte, also nicht am Rand bestreichen, blättern sie sich rundherum auf.

Feiner Sandkuchen ●●

E 4 g	F 10 g	KH 24 g
kcal 210	kJ 880	

Für 20 Stück

200 g Butter oder Margarine
4 Eier
200 g Diabetiker-Süße
geriebene Schale von 1/2 unbehandelten
Zitrone
200 g Speisestärke
100 g Mehl
1/2 Päckchen Backpulver
1 gefettete Kastenform

Die weiche Butter oder Margarine mit den Eiern, der Diabetiker-Süße und der Zitronenschale mit dem elektrischen Rührgerät sehr schaumig rühren. (Beim Handrühren sollten Sie die Eier trennen und zuletzt den Eischnee unterheben.) Die Stärke mit dem Mehl und dem Backpulver sieben und löffelweise mit der Hand unterheben. Die vorbereitete Form zu drei Viertel mit Teig füllen und bei 175°C etwa 60 Minuten backen.

Variation

Für **Nußkuchen** 50 g geriebene Haselnüsse zugeben.
Für **Zitronenkuchen** Saft und Schale von einer unbehandelten Zitrone hinzufügen.
Für **Schokoladenkuchen** 50 g bittere Diabetikerschokolade, gerieben oder in kleinen Stücken, unterheben. – Teilen Sie den Schokoladenkuchen in 21 Stück, damit der Kohlenhydratgehalt pro Stück nicht erhöht wird.

Fränkischer Apfel- oder Pflaumenkuchen ●●

E 3,6 g	F 10 g	KH 26 g
kcal 215	kJ 900	

Für 12 Stück

- 100 g Butter oder Margarine
- 100 g Diabetiker-Süße
- 2 Eier
- geriebene Schale von 1/2 unbehandelten Zitrone
- 200 g Mehl (eventuell zur Hälfte Weizenvollkornmehl)
- 1 TL Backpulver
- 3–4 EL Magermilch
- 500 g Äpfel oder Pflaumen
- 25 g Mandelblättchen
- 1 gefettete Springform

Die Butter oder Margarine mit Diabetiker-Süße und den Eiern schaumig rühren. Die Zitronenschale, Mehl und Backpulver unterrühren und zu einem glatten Teig verarbeiten. Den Teig in die vorbereitete Form füllen. Die Äpfel schälen, vierteln und entkernen. An der runden Seite mehrmals einritzen, oder Pflaumen waschen, halbieren und entkernen. Die Obststücke mit der glatten Seite nach oben auf dem Teig verteilen. Mit Mandelblättchen bestreuen und bei 175°C etwa 45 Minuten backen.

Kalte Speisen und Zwischenmahlzeiten für unterwegs

Kalte Speisen und hier vor allem die Salate schmecken immer und jedermann. Sie eignen sich nicht nur als kleine Mahlzeit zwischendurch, sondern auch zum Mitnehmen beispielsweise ins Büro oder zu einem Ausflug (achten Sie auf gut verschließbare Plastik- oder Glasbehältnisse, um Pannen zu vermeiden).
Mit etwas Phantasie lassen sich Salate vielseitig variieren. Denken Sie nur an die Kombinationsmöglichkeiten mit Fleisch von Kalb, Rind, Wild oder Huhn. Auch mit Fisch, Wurst, Käse oder Pökelzunge lassen sich appetitliche, bunte Salate zaubern, wie die folgenden Rezepte zeigen. Beachten Sie bitte die Kohlenhydratberechnung, wenn Sie Nudeln, Reis oder Kartoffeln verwenden.

Roastbeefsalat ○

E 13 g	F 24 g	KH 1,8 g
kcal 285	kJ 1195	

75 g Roastbeef, in Scheiben
30 g frische, rohe Champignons, in Blättchen
50 g rote Paprikaschoten, in Streifen
1 TL Meerrettich nach Belieben
2–3 Blätter grüner Salat (Frisée oder Lollo Rosso)
1–2 Zweige Basilikum oder krause Petersilie
1 EL Öl (10 g)
1 TL Kräuteressig
1 TL Zitronensaft
1/2 TL mittelscharfer Senf
1 Pr. Salz
1 Pr. Pfeffer

Das Roastbeef mit den Champignons, den Paprikastreifen und dem Meerrettich auf den Salatblättern anrichten und mit Basilikum oder Petersilie dekorieren. Bereiten Sie nun aus Öl, Essig, Zitronensaft, Senf, Salz und Pfeffer eine Salatsoße zu und beträufeln damit den Salat.

Variation

Statt Roastbeef können Sie gut kalten Braten, Rindfleisch oder Pökelzunge verwenden.

Bayerischer Wurstsalat ○

E 27 g	F 45 g	KH 10 g
kcal 570	kJ 2385	

100 g Regensburger oder Fleischwurst, in feinen Scheiben
1 Zwiebel (50 g), in Ringen
50 g Edamer Käse, in Streifen
50 g Radieschen, in Scheiben oder rote Paprikaschoten, in Streifen
1 EL Öl (10 g)
1 EL Weinessig
1 Pr. Pfeffer
1 Pr. Salz
1 EL Schnittlauch, geschnitten

Die Wurst mit den Zwiebeln, dem Käse und den Radieschen oder Paprika locker mischen. Mit einer Soße aus Öl, Essig, Pfeffer und Salz anmachen und gut durchziehen lassen. Vor dem Anrichten nochmals abschmecken und mit Schnittlauch bestreuen.

Tip

Wenn Sie statt Käse 50 g Apfel nehmen wollen, müssen Sie 1/2 BE = 6 g KH anrechnen. Sie sparen jedoch etwa 150 kcal.

Nudelsalat „Verde" ●●

E 17 g	F 22 g	KH 30 g
kcal 400	kJ 1675	

30 g grüne Nudeln
50 g grüne Paprikaschoten, in Streifen
30 g Fenchel, in Streifen
20 g grüne Oliven, entkernt, gehackt
60 g Thunfisch in Wasser, aus der Dose, abgetropft
1 EL Kräuteressig
1 EL Olivenöl (10 g)
1/2 Zwiebel (25 g), fein gehackt
1/2 zerdrückte Knoblauchzehe
1/2 TL scharfer Senf
1 Pr. Salz
1 Pr. Oregano
1 Pr. Pfeffer
Fenchelgrün

Die Nudeln in Salzwasser nicht zu weich (al dente) kochen und abgießen. Den Paprika, den Fenchel, die Oliven und den Thunfisch mit den abgekühlten Nudeln in eine Schüssel geben. Aus den übrigen Zutaten eine Marinade rühren und darübergeben, mischen und ziehen lassen. Den Salat mit Fenchelgrün bestreut servieren.

Piratensalat ○

E 30 g	F 20 g	KH 2,1 g
kcal 320	kJ 1340	

100 g geräucherter Fisch, in Stücken (Makrele, Heilbutt, Schillerlocken)
1 hart gekochtes Ei, in Vierteln
20 g eingelegte Perlzwiebeln
5 schwarze Oliven, ohne Stein
1 kleine Tomate (50 g), in Ecken
3–4 Blätter Radicchio, Batavia- oder Lollo Rosso-Salat
1 EL Öl (10 g)
1 EL Weinessig
1 EL Zwiebelsud (von den Perlzwiebeln)
1 Pr. Cayennepfeffer
1 Pr. Salz
Kresse zum Bestreuen

Den Fisch mit Ei, Zwiebeln, Oliven und Tomaten auf den Salatblättern anrichten. Aus Öl, Essig, Zwiebelsud, Cayennepfeffer und Salz eine scharfe Marinade rühren und den Salat damit beträufeln, eventuell vorsichtig mischen. Zuletzt mit Kresse bestreuen.

Mexikanischer Eiersalat ● ●

E 23 g	F 12 g	KH 33 g
kcal 340	kJ 1425	

- 100 g Magermilchjoghurt
- 1 EL Tomatenmark
- 2–3 Tropfen Tabasco oder
- 1 Pr. Cayennepfeffer
- 1 EL Zitronensaft oder Essig
- 1–2 Tropfen Süßstoff
- 2 hart gekochte Eier, in Scheiben
- 50 g gekochte Kidneybohnen, aus der Dose
- 30 g Maiskörner, aus der Dose
- 1–2 Blätter grüner Salat

Eine Salatsoße aus Joghurt, Tomatenmark, Tabasco oder Cayennepfeffer, Zitronensaft oder Essig und Süßstoff rühren.

Die Eier, die Bohnen und den Mais vorsichtig untermengen und auf grünen Salatblättern anrichten.

Toast

Mit einem Toast bringen Sie Abwechslung in Ihren täglichen Speiseplan.
Ob Sie ihn mittags mit Salat essen oder als kleine Zwischenmahlzeit oder ihn sich zum Abendessen zubereiten, Toast schmeckt zu vielen Gelegenheiten.
Und Toast schmeckt immer wieder anders, weil Sie unter seiner Käsehaube fast alles „hervorzaubern“ können. Zum Beispiel Fleisch, Fisch, Wild, Geflügel, Wurst, Gemüse, ja sogar Obst. Lassen Sie also Ihrer Phantasie freien Lauf.

Merke: 1 Scheibe Toast enthält 1 BE oder 12 Gramm Kohlenhydrate.
Es gibt beim Bäcker Toastbrot, Vollkorntoast und Kastenweißbrot.
Im Paket mit geschnittenen Scheiben gibt es im Handel:
Buttertoast (aus weißem Mehl), Roggentoast, Dreikorntoastbrot, Weizenvollkorntoast, Hafertoast, kalorienreduzierte Toasts und Müslitoast, der wegen seines Traubenzucker- und Honiganteils nicht für Diabetiker zu empfehlen ist.

Tip

Sie sollten darauf achten, daß der Käse zum Überbacken nicht mehr als 30% Fett i. Tr. enthält. Wenn Sie den Toast zum Beispiel mit Apfel- oder Ananasscheiben belegen, denken Sie bitte an den Kohlenhydratgehalt des Obstes.

Variation

1 Scheibe Toast
zum Bestreichen: Butter oder Margarine, Senf, Tomatenmark oder
Knoblauchpaste oder
geriebenen Meerrettich
zum Belegen: Krabben, Zwiebeln und Ei
oder kalter Braten und Roastbeef oder
Bündner Fleisch und Champignons oder
Geräuchertes Fischfilet und Tomaten
Fleischpflanzerl (Frikadellen, Bouletten) und Zwiebeln oder
Leber und Apfelscheiben oder
Puten- oder Hühnerfleisch und
Ananas oder Apfel
(BE anrechnen) oder
gebackene Auberginen oder Zucchini
mit Eischeiben oder
Schinken oder Wurst mit Tomaten
zum Würzen: Pfeffer aus der Mühle,
Oregano, Majoran, Paprikapulver,
Curry, zerdrückter Knoblauch, Dill,
Petersilie, Kräuter der Provence
zum Abdecken: Edamer, Tilsiter,
Emmentaler Käse
in Scheiben, 30% Fett i. Tr., oder
Gouda, Leerdamer
Den Toast im Ofen oder Grill kurz überbacken.

Chinesischer Salat ●●

E 28 g	F 20 g	KH 27 g
kcal 410	kJ 1715	

15 g Glasnudeln, in Wasser eingeweicht
1 EL pikante Sojasoße
1 TL Zitronensaft
1 EL Öl (10 g)
1 Pr. Curry
75 g gekochtes Hühnerfleisch, in Würfeln
1/2 Apfel (50 g), in Würfeln
1 gekochtes Ei, in Scheiben
30 g Spargel, in Stücken
30 g feine Erbsen
30 g Sojabohnenkeimlinge
Petersilie zum Garnieren

Die Glasnudeln in mundgerechte Stücke schneiden und in Salzwasser kurz kochen. Aus Sojasoße, Zitronensaft, Öl und Curry eine Salatsoße herstellen, das Hühnerfleisch, den Apfel, das Ei, das Gemüse und die abgekühlten Glasnudeln zugeben und mischen. Den Salat durchziehen lassen und mit Petersilie anrichten.

Überraschungstomate ○

E 14 g	F 25 g	KH 6 g
kcal 315	kJ 1320	

1 Fleischtomate (etwa 200 g)
1 Pr. Salz
1/2 kleine Zwiebel (20 g), oder
1 Schalotte, fein gehackt
2 kleine Essiggürkchen oder Cornichons
2 eingelegte Maiskölbchen
50 g Kalbfleisch- oder Putenwurst
30 g Crème fraîche
1 TL Schnittlauch, geschnitten
1 Pr. Pfeffer
krause Petersilie zum Garnieren

Von der Tomate einen Deckel abschneiden. Das Fruchtfleisch mit einem Teelöffel herauslösen und innen leicht salzen. Die Zwiebeln einfüllen, die Gürkchen, die Maiskolben und die Wurst dekorativ hineinstecken. Die Crème fraîche mit Schnittlauch und Pfeffer verrühren und in die Tomatenmitte geben. Den Deckel schräg aufsetzen und die Tomate mit Petersilie anrichten.

Party-Eier ○

E 23 g	F 13 g	KH 2,6 g
kcal 225	kJ 940	

- 2 hart gekochte Eier
- 50 g Magerquark
- 1 TL mittelscharfer Senf
- 1 Pr. Salz
- 1 Pr. Pfeffer
- 1 Pr. Paprikapulver
- 1 Sardellenfilet, in Streifen
- 1 EL rote oder grüne Paprikaschote (10 g), in Würfeln
- 10 g Cornichons, in Scheiben
- 1 Salatblatt (Eichblatt- oder Kopfsalat)
- 2 Zweige krause Petersilie

Die Eier längs halbieren, die Eigelbe herauslösen und durch ein Sieb streichen. Den Quark zusammen mit Senf, Salz und Pfeffer dazugeben und die Masse gut verkneten. Die Eigelbcreme in die Eihälften spritzen oder streichen. Mit den Sardellen, Paprika und Cornichons belegen. Auf einem Salatblatt anrichten und mit Petersilie garnieren.

Seemannsfrühstück ●●

E 30 g	F 16 g	KH 27 g
kcal 340	kJ 1425	

- 100 g Krabben
- 1 EL Butter oder Margarine (10 g)
- 1 Pr. Pfeffer aus der Mühle
- 1 TL fein gehackte Petersilie
- 1 Ei
- $1^1/_2$ EL Milch (20 ml)
- 1 Scheibe Vollkorn- oder Grahambrot
- 100 g Tomaten, in Scheiben

Die Krabben in einem Sieb unter kaltem Wasser so lange überbrausen, bis klares Wasser abläuft, anschließend gut abtropfen lassen. Dann die Krabben kurz in Butter oder Margarine erhitzen und mit Pfeffer und Petersilie würzen. Das Ei mit Milch verrühren, über die Krabben gießen, umrühren und stocken lassen. Das Krabbenrührei auf das Vollkorn- oder Grahambrot geben und mit Tomaten garnieren.

Bratensülze ○

E 24 g	F 13 g	KH 3,5 g
kcal 235	kJ 985	

- 2 Blatt weiße Gelatine
- 150 ml entfettete Brühe
- 1 EL Essig
- 1 Msp. Salz
- 1 Pr. Suppenwürze
- 100 g kalter Braten, in Scheiben
- 50 g Essiggurke, in Scheiben
- 100 g Tomaten, in Scheiben
- 1/2 gekochtes Ei, in Scheiben
- Blättchen von 1/2 Bund Petersilie, Schnittlauch oder Liebstöckel
- 1 Aspikschälchen

Die eingeweichte Gelatine in heißer Brühe auflösen und mit Essig und Gewürzen abschmecken. Einen Spiegel in das Schälchen gießen und erkalten lassen. Die Braten-, Essiggurken-, Tomaten- und Eischeiben einlegen und mit den Kräutern garnieren. Die restliche Aspikflüssigkeit darübergießen und erkalten lassen. Vor dem Servieren stürzen.

Tip

Mit Bratkartoffeln oder dunklem Bauernbrot ist die Sülze eine herzhafte Abendmahlzeit.

Matjes „Veronika" ◐ ● ●

E 40 g	F 44 g	KH 34 g
kcal 710	kJ 2970	

- 120 g neue Kartoffeln
- 1/2 TL ganzer Kümmel
- 1 Msp. Salz
- 2 Matjesfilets (150 g)
- 2 große Apfelscheiben, entkernt (50 g)
- 1 Stengel Dill
- 100 g Magerquark
- 2 EL Milch
- 1 EL Schnittlauch, geschnitten
- 1 EL Butter oder Margarine (10 g)

Die Kartoffeln bürsten und mit der Schale in Wasser mit Kümmel und Salz kochen. Die Matjesfilets aufrollen, jede Rolle auf eine Apfelscheibe setzen und mit Dillkraut garnieren. Den Magerquark mit Milch und Schnittlauch verrühren. Die Kartoffeln, die Matjesröllchen, den Schnittlauchquark und die Butter oder Margarine auf einem Teller anrichten.

Tip

Laden Sie dazu Ihre Freunde ein. Besonders gut eignet sich dieses Gericht für die erste Sommerparty im Juni. Zu dieser Zeit sind die ersten frischen Matjes und neue Kartoffeln auf dem Markt.

Tasseneier ○

E 25 g	F 26 g	KH 2,6 g
kcal 355	kJ 1485	

1 Tasse
1/2 EL Butter oder Margarine (5 g)
1 Ei
30 g Schinken, fein gehackt
1/2 Zwiebel (20 g), fein gehackt
1/2 TL fein gehackte Petersilie
20 g geriebener Käse
1 Ei

Die Tasse einfetten und das Ei hineinschlagen. Den Schinken, die Zwiebeln und die Petersilie darüberlegen und mit dem Käse bestreuen. Das zweite Ei verrühren und über die Käselage gießen. Nun die Tasse in einen flachen, mit kochendem Wasser gefüllten Topf stellen und 20 Minuten im Wasserbad garen. Dann stürzen und warm oder kalt servieren.

Tip

Bereiten Sie mehrere Tasseneier zu, denn sie lassen sich 2–3 Tage im Kühlschrank aufbewahren.

Frühstücksmüsli ◐ ● ●

E 10 g	F 10 g	KH 30 g
kcal 260	kJ 1090	

1 1/2 EL grobe Haferflocken (15 g)
150 g Magermilchjoghurt
60 g Erdbeeren oder Mandarinen, in Stücken
60 g Pfirsich oder Apfel, in Stücken
1 EL Zitronensaft
flüssiger Süßstoff nach Belieben
1 TL Leinsamen, geschrotet oder
1 TL Haselnüsse, grob gehackt

Die Haferflocken mit dem Joghurt verrühren. Das Obst daruntermischen, mit Zitronensaft und Süßstoff abschmecken. Vor dem Servieren mit Leinsamen oder Haselnüssen bestreuen.

Tip

Sie können alle Obstsorten, je nach Geschmack und Jahreszeit, verwenden, dadurch ist Müsli eine immer neue Frühstücksidee oder eine kleine Mahlzeit für Zwischendurch. Denken Sie jedoch immer an Ihre erlaubte Menge an Broteinheiten, und nehmen Sie die Fruchtmenge entsprechend 1 BE.

Zwischenmahlzeiten mit 12 g KH = 1 BE

Obst

1 kleiner Apfel (100 g)
oder 1 kleine Banane, geschält (60 g)
oder 1 Birne (90 g)
oder 1 Mandarine, mit Schale (70 g)
oder 1 Orange, mit Schale (150 g)
oder Aprikosen, Pflaumen oder Kirschen (100 g)

Obstsäfte, ohne Zuckerzusatz

1 kleines Glas Apfelsaft (110 ml)
oder 1 kleines Glas Grapefruit- oder Orangensaft (120 ml)
oder 1 kleines Glas Johannisbeersaft (100 ml)
oder 1 großes Glas Karottensaft (200 ml)

Milch

1/4 l Trinkmilch oder Magermilch
oder 1 Becher Joghurt ohne Früchte und dazu 1 Knäckebrot

Backwaren, Brot

2 Scheiben Knäckebrot mit Belag
oder 1/2 Semmel (Brötchen) mit Belag
oder Graham- oder Mischbrot laut Tabelle Seite 19 ff.
Belag: Butter oder Margarine,
magere Wurst oder Käse,
kalter Braten,
Eischeiben
oder 2 Stück Diabetiker-Zwieback
oder Diabetiker-Gebäck, das die Mengen für 12 g KH = 1 BE deklariert hat.

Zwischenmahlzeiten mit 24 g KH = 2 BE

Obst oder Obstsäfte

doppelte Menge, wie für 1 BE angegeben
oder
Obst oder Obstsäfte für 1 BE wie in der linken Spalte angegeben,
dazu Brot oder Backwaren für 1 BE

Milch

Menge für 1 BE, wie angegeben,
dazu Brot oder Backwaren für 1 BE

Backwaren, Brot

1 Semmel (Brötchen)
oder 1 Brezel
oder 4 Scheiben Knäckebrot
oder Graham- oder Mischbrot laut Tabelle Seite 19 ff.
oder Diabetiker-Gebäck, das die Mengen für 24 g KH = 2 BE deklariert hat.
Belag: Butter oder Margarine
magere Wurst oder Käse
kalter Braten, Eischeiben

Verschiedenes

Diabetiker-Konfekt oder Diabetiker-Kekse in der Menge für 1 BE, dazu Obst für 1 BE
oder 6 Stück gekochte oder gebratene Kastanien (Maronen)

Getränke und Konfitüren

Auf dem Markt gibt es bereits ein breites Angebot von Diabetiker-Konfitüren. Der Handel bietet sie nicht nur in Gläsern, sondern auch in Portionsdöschen an.
Die Diabetiker-Konfitüren werden zum Teil auch kalorienreduziert hergestellt, das heißt, die Fruchtzuckerzugabe wird bis zu 50% durch Süßstoff ersetzt.

Trotzdem, eine selbstgemachte Konfitüre hat immer einen Hauch von Exklusivität und schmeckt meist besser. Wenn Sie also Lust und Zeit haben, dann wagen Sie es ruhig einmal, ihre Konfitüre selbst einzukochen.

Zitronenmuntermacher ○

E 3 g	F 6 g	KH 0 g
kcal 95	kJ 400	

Für 2 Portionen

2 Eigelb
1 TL Zitronensaft
flüssiger Süßstoff nach Belieben
1 Pikkoloflasche Sekt, trocken oder Diabetiker-Sekt
Eiswürfel
Schale von einer unbehandelten Zitrone oder Zitronenmelisse

Die Eigelbe mit Zitronensaft und Süßstoff kräftig verschlagen. Wenn die Masse ganz schaumig ist, mit Sekt auffüllen. In zwei Gläser gießen und mit Eiswürfeln, Zitronenschale oder Zitronenmelisse servieren.

Eistee ○

etwa 20 kcal

- 1/8 l schwarzer Tee
- 1/8 l Pfefferminztee
- 1 TL Zitronensaft
- 1 Pr. Zimt
- 1 Pr. gemahlene Nelken
- flüssiger Süßstoff nach Belieben
- 1 TL Rum 54% Vol.-%
- Eiswürfel
- Zitronen- oder Orangenschale von unbehandelten Früchten, in feinen Streifen

Den Tee mit Zitronensaft und Gewürzen mischen, mit Süßstoff abschmecken und kalt stellen. Den Rum und die Eiswürfel in ein Longdrinkglas geben, den Tee darübergießen und mit Zitronen- oder Orangenschale verzieren.

Erfrischender Vitamintrunk ●

E 3,8 g	F 4,4 g	KH 24 g
kcal 155	kJ 650	

- 100 ml frisch hergestellter Karottensaft
- 75 ml frisch gepreßter Orangensaft
- 1 TL Zitronensaft
- flüssiger Süßstoff nach Belieben
- 1/8 l Milch

Alle Zutaten in einem Mixbecher oder mit dem Schneebesen kräftig verschlagen, in ein Glas füllen und sofort servieren.

Tip

Probieren Sie diesen Drink auch mit Buttermilch oder Joghurt. Die Kombination von Rote-Bete-Saft und Grapefruitsaft schmeckt dazu besonders gut.

Beschwipster Eiskaffee ●

E 2,6 g	F 15 g	KH 12 g
kcal 220	kJ 920	

- 1 Kugel Diabetiker-Vanilleeis (für 1 BE)
- 1/8 l Bohnenkaffee oder
- 1 TL Pulverkaffee, aufgebrüht
- 1 EL Rum 54 Vol.-%
- 3 EL süße Sahne (30 g), geschlagen
- 1/2 TL Diabetiker-Schokoladenraspel

Das Eis in ein Kelchglas geben, mit Rum beträufeln und den abgekühlten Kaffee darübergießen. Die Schlagsahne daraufspritzen und mit Schokoladenraspeln garnieren.

Kürbiskonfitüre ○

1 Glas enthält 2 BE
20–30 g ohne Anrechnung

Für 2 Gläser

- 750 g Kürbis, geschält, entkernt, in Würfeln
- 1 Zimtstange
- 3 Gewürznelken
- Schale von 1/4 unbehandelten Zitrone
- 5 Blatt Gelatine
- 10 Süßstofftabletten

Den Kürbis mit den Gewürzen und einem Viertel l Wasser weichkochen. Die Gewürze anschließend entfernen und die Kürbisstücke pürieren. Ohne Deckel nochmals 15 Minuten kochen lassen. Die Gelatine in 1/4 Liter kaltem Wasser einweichen. Die Kürbismasse von der Kochstelle nehmen, die Süßstofftabletten zugeben und die ausgedrückten Gelatineblätter einrühren, bis sie sich aufgelöst haben. Die Konfitüre in 2 Gläser à 250 g Füllgewicht gießen.

Mangokonfitüre ●

25 g enthalten 1 BE

- 500 g Mango, reines Fruchtfleisch
- 500 g Diabetiker-Gelierzucker
- Saft von 1 Zitrone

Die Mangos schälen und den Kern lösen. Das Fruchtfleisch im Mixer pürieren. Die Hälfte des Gelierzuckers mit dem Fruchtfleisch unter ständigem Rühren zum Kochen bringen. Den Zitronensaft und den restlichen Zucker zugeben, 15 Sekunden sprudelnd kochen lassen und sofort in Gläser füllen und verschließen.

Tip

Probieren Sie einmal Konfitüre aus Trokkenfrüchten. Weichen Sie Aprikosen oder Pflaumen über Nacht in Weiß- oder Rotwein ein, und pürieren Sie sie am folgenden Tag. Die Konfitüre mit etwas Einweichflüssigkeit kurz aufkochen und in kleine Gläser füllen. Kleine Mengen von 10–15 g müssen nicht in BE angerechnet werden. Hier entspricht die Portion in BE der üblichen Diabetiker-Marmelade.

Zitronen-Orangen-Konfitüre ●

25 g enthalten 1 BE

- 2 ungespritzte Zitronen, in feinen Scheiben
- 1 ungespritzte Orange, in feinen Scheiben
- 750 g Diabetiker-Gelierzucker

Die Zitronen- und Orangenscheiben in einen Topf geben und mit 1 1/2 l Wasser auf kleiner Flamme etwa 2 Stunden kochen. Danach sollten Früchte und Flüssigkeit etwa 750 ml (3/4 l) ergeben. Nun den Gelierzucker zugeben und nach Vorschrift einkochen. Die Konfitüre heiß in Gläser füllen und sofort verschließen.

Kaltgerührte Konfitüre

1 Portion von 20 g muß nicht in BE angerechnet werden
1 BE entspricht der Fruchtmenge aus Tabelle Seite 2

500 g Erdbeeren, Himbeeren oder entsteinte Kirschen
7–10 g pflanzliches Bindemittel (Biobin oder Nestargel)

Die Früchte im Mixer pürieren, das Bindemittel einstreuen und gut unterrühren. Die Konfitüre in kleine Gläser füllen, verschließen und kühl aufbewahren.

Tip

Die Konfitüre können Sie auch in beliebig kleineren Mengen zubereiten. Sie ist etwa 3 bis 4 Wochen im Kühlschrank haltbar.

Rezeptverzeichnis

NÜTZLICHE RATGEBER

EINE AUSWAHL

Stand: Frühjahr 1990

Essen und Trinken

Meine feine Bürgerliche Küche
(**4411**-4) Von E. Falout, 160 S., 119 Farbfotos, Pappband. ●●●

Essen in Hessen
Spezialitäten zwischen Schwalm und Odenwald. (**0837**-X) Von R. Witt, 120 S., 10 s/w-Zeichnungen, Pappband. ●●

Kochen für 1 Person
Rationell wirtschaften, abwechslungsreich und schmackhaft zubereiten. (**0586**-5) Von M. Nicolin, 104 S., 8 Farbtafeln, 23 Zeichnungen, kart. ●

Schnell und individuell
Die raffinierte Single-Küche
(**4266**-3) Von F. Faist, 160 S., 151 Farbfotos, Pappband. ●●●

Für Kenner und Genießer **Lamm**
(**1090**-7) Von H. Imhof, 64 S., 50 Farbfotos, Pappband. ●

Frischer Fang aus Fluß und Meer **Fisch**
(**0964**-X) Von L. Grieser, 64 S., 69 Farbfotos, Pappband. ●

Edler Kern in harter Schale **Meeresfrüchte**
(**0886**-4) Von L. Grieser, 48 S., 52 Farbfotos, Pappband. ●

Gaumenfreuden Tag für Tag
Pfannengerichte
(**1007**-9) Von S. Fabke, 64 S., 54 Farbfotos, Pappband. ●

Von Tatar und falschen Hasen **Hackfleisch**
(**0866**-X) Von A. und G. Eckert, 64 S., 42 Farbfotos, Pappband. ●

Aus eigener Küche **Gute Wurst**
(**0948**-8) Von J. Bessel, G. Quaas, 80 S., 8 Farbtafeln, kart. ●

Aus lauter Lust und Liebe **Knoblauch**
(**0867**-8) Von L. Reinirkens, 64 S., 45 Farbfotos, Pappband. ●

Kochen und würzen mit **Knoblauch**
(**0725**-6) Von A. und G. Eckert, 96 S., 8 Farbtafeln, kart. ●

Kochen und würzen mit **Paprika**
(**0792**-2) Von A. und G. Eckert, 88 S., 8 Farbtafeln, kart. ●

Bintje, Irmgard und Sieglinde
Kartoffeln
(**1032**-X) Von S. Fabke, 64 S., 43 Farb- und 1 s/w-Foto, Pappband. ●

Nudelgerichte
– lecker, locker, leicht zu kochen. (**0466**-4) Von C. Stephan, 80 S., 8 Farbtafeln, kart. ●

Pasta in Höchstform **Nudeln**
(**0884**-8) Von M. Kirsch, 64 S., 62 Farbfotos, Pappband. ●

Kräftig klar und cremig zart **Feine Suppen**
(**1031**-1) Von H. Imhof, 64 S., 48 Farbfotos, Pappband. ●

Herzhaftes für Leib und Seele **Eintöpfe**
(**0820**-1) Von P. Klein, 48 S., 30 Farbfotos, Pappband. ●

Spezialitäten unter knuspriger Decke
Aufläufe
(**0882**-1) Von C. Adam, 48 S., 33 Farbfotos, Pappband. ●

In Hülle und Fülle **Pasteten und Terrinen**
(**0883**-X) Von M. Kirsch, 48 S., 62 Farbfotos, Pappband. ●

Die Krönung der feinen Küche **Saucen**
(**0817**-1) Von G. Cavestri, 48 S., 40 Farbfotos, Pappband. ●

Schlank und köstlich **Spargel**
(**1005**-2) Von M. Kirsch, 64 S., 44 Farbfotos, Pappband. ●

Von Aubergine bis Zucchini **Gemüse**
(**1061**-3) Von H. Cohrs, 64 S., 39 Farbfotos, Pappband. ●

Statt Breakfast und Lunch **Brunch**
(**1033**-8) Von C. Adam, 64 S., 49 Farbfotos, Pappband. ●

Kochen in höchster Vollendung
Aus vier Elementen ist alles zusammengefügt (Theophrast). (**4291**-4) Von M. Wissing, M. Kirsch, 160 S., 230 Farbfotos, Leinen geprägt mit Schutzumschlag, im Schuber, **DM 98,–**, S 784.–, Fr 94,10

Mit Lust und Liebe
Kochen mit den Meistern
(**4445**-3) 176 S., 132 Farbfotos, 50 Graffiti, Pappband. ●●●●

Zaubern mit der schnellen Welle
Die neue Mikrowellenküche
(**4289**-2) Von F. Faist, 208 S., 188 Farbfotos, Pappband. ●●●

Ganz und gar mit Mikrowellen
(**4094**-6) Von T. Peters, 208 S., 24 Farbfotos, 12 Zeichnungen, kart. ●●●

Schnell auf den Tisch gezaubert
Kochen mit Mikrowellen
(**0818**-X) Von A. Danner, 64 S., 52 Farbfotos, Pappband. ●

Das neue Mikrowellen-Kochbuch
(**0434**-6) Von H. Neu, 80 S., 4 Farbtafeln, 16 s/w Zeichnungen, kart. ●

Knusprig braten und backen im
Mikrowellen-Kombigerät
(**0996**-X) Von T. Peters, 128 S., 108 Farbfotos, kartoniert. ●●

Leicht und vitaminreich
Vegetarische Mikrowellenküche
(**0995**-X) Von F. Faist, 118 S., 103 Farbfotos, kartoniert. ●●

Schnell und individuell
Mikrowellenküche für Singles
(**0997**-6) Von A. Görgens, 118 S., 103 Farbfotos, kartoniert. ●●

Vom ersten Versuch zum Menü
Mikrowellenküche leicht gemacht
(**0994**-1) Von T. Peters, 112 S., 100 Farbfotos, kartoniert. ●●

Zart gedünstet, schonend gegart
Fischgerichte aus der Mikrowellenküche
(**1092**-3) Von A. Ilies, 96 S., 105 Farbfotos, kartoniert. ●●

Köstliches ganz schnell gezaubert
Aufläufe aus der Mikrowellenküche
(**1093**-1) Von K. Kruse-Schorling, 96 S., 100 Farbfotos, kartoniert. ●●

Natürlich Kochen im
Mikrowellen-Römertopf
(**0947**-X) Von F. Faist, 96 S., 8 Farbt., kart. ●

Köstliches aus dem Tontopf
(**0442**-7) Von A. u. G. Eckert, 80 S., 8 Farbtafeln, kart. ●

Das neue Fritieren
geruchlos, schmackhaft und gesund. (**0365**-X) Von P. Kühne, 88 S., 8 Farbtafeln, kart. ●

Goldbraun und knusprig
Fritierte Leckerbissen
(**0868**-6) Von F. Faist, 64 S., 47 Farbfotos, Pappband. ●

Schnell und gut gekocht
Die tollsten Rezepte für den Schnellkochtopf. (**0265**-3) Von J. Ley, 96 S., 8 Farbtafeln, kart. ●

Italienische Vorspeisen **Antipasti**
(**1006**-0) Von S. Reiter-Westphal, 64 S., 47 Farbfotos, Pappband. ●

Pizza, Pasta und die feine italienische Küche
(**4270**-1) Von R. Rudatis, 120 S., 255 Farbfotos, Pappband. ●●

Schlemmerreise durch die
Italienische Küche
(**4172**-1) Von V. Pifferi. 160 S., 109 Farbfotos, Pappband. ●●●

Schlemmen wie bei Mamma Maria
Pizzas
(**0815**-5) Von F. Faist, 64 S., 62 Farbfotos, Pappband. ●

Spaghetti, Tagliatelle + Co.
Pasta all'italiana
(**1004**-4) Von I. Seyric, 64 S., 57 Farbfotos, Pappband. ●

Pikantes und Süßes mit französischem Charme **Bistro-Küche**
(**4428**-3) Von V. Müller, 160 S., 130 Farbfotos, Pappband. ●●●

Schlemmerreise durch die
Französische Küche
(**4296**-5) Von H. Imhof, 160 S., 147 Farbfotos, 3 s/w-Fotos, Pappband. ●●●

Schlemmerreise durch die
Chinesische Küche
(**4184**-5) Von K. H. Jen, 160 S., 117 Farbfotos, Pappband. ●●●

Verheißungsvoll fernöstlich
Spezialitäten aus dem Wok
(**0933**-X) Von H. K. Jen, 64 S., 56 Farbfotos, Pappband. ●

Mit Lust und Liebe **Chinesisch Kochen**
(**4441**-0) Von Ho Fu-Lung, Uli Franz, 176 S., 189 Farbfotos, 29 Zeichnungen, Pappband. ●●●●

Chinesisch kochen
mit dem Wok- und Mongolentopf. (**0557**-1) Von C. Korn, 64 S., 8 Farbt., kart. ●

Die hier vorgestellten Bücher, Videokassetten und Software sind in folgende Preisgruppen unterteilt:

● Preisgruppe bis DM 10,–/S 79,–/SFr.10
●● Preisgruppe über DM 10,– bis DM 20,– S 80,– bis S 160,– SFr. 10,– bis SFr. 20,–
●●● Preisgruppe über DM 20,– bis DM 30,– S 161,– bis S 240,– SFr. 20,– bis SFr. 29,–
●●●● Preisgruppe über DM 30,– bis DM 50,– S 241,– bis S 400,– SFr. 29,– bis SFr. 48,–
●●●●● Preisgruppe über DM 50,–/S 401,–/SFr.48,–
*(unverbindliche Preisempfehlung)

Die Preise entsprechen dem Status beim Druck dieses Verzeichnisses (s. Seite 1) – Änderungen, im besonderen der Preise, vorbehalten –

Falken-Verlag GmbH · Postfach 1120 FALKEN D-6272 Niedernhausen/Ts. · Tel.: 06127/7020

Mehr Freude und Erfolg beim **Grillen**
(**4141**-1) Von A. Berliner, 160 S., 147 Farbfotos, 10 farbige Zeichnungen, Pappband. ●●●

Köstliches von Rost und Spieß **Grillen**
(**0931**-3) Von A. Kalcher-Dähn, H. K. Kalcher, 64 S., 43 Farbfotos, Pappband. ●

Bocuse à la carte
Französisch kochen mit dem Meister.
(**4237**-X) Von P. Bocuse, 88 S., 218 Farbfotos, Pappband. ●

Französische Küche
(**0685**-2) Von M. Gutta, 96 S., 16 Farbt., kart. ●

Fondues · Raclettes · Flambiertes
(**4081**-4) Von R. Peiler und M.-L. Schult, 136 S., 15 Farbtafeln, 28 Zeichnungen, kart. ●●

Fondues
und fritierte Leckerbissen. (**0471**-0) Von S. Stein, 96 S., 8 Farbtafeln, kart. ●

Rezepte rund um Raclette und Doppeldecker
(**0420**-6) Von J. W. Hochscheid, 72 S., 8 Farbtafeln, kart. ●

Schlemmen in geselliger Runde
Fleischfondues
(**0966**-6) Von M. Spötter, 64 S., 62 Farbfotos, Pappband. ●

Fondues und Raclettes
(**4253**-1) Von F. Faist, 160 S., 125 Farbfotos, Pappband. ●●●

Neue, raffinierte Rezepte mit dem Raclette-Grill
(**0558**-X) Von L. Helger, 72 S., 8 Farbt., kart. ●

Schmelzendes Käsevergnügen **Raclette**
(**0881**-3) Von F. Faist, 48 S., 33 Farbfotos, Pappband. ●

Kulinarischer Feuerzauber **Flambieren**
(**4294**-9) Von R. Wesseler, 120 S., 100 Farbfotos, Pappband. ●●●

Das köstliche knackige Schlemmervergnügen **Salate**
(**4165**-9) Von V. Müller, 160 S., 80 Farbfotos, Pappband. ●●●

Köstliche Salate zum Verwöhnen
(**0222**-X) Von C. Schönherr, 96 S., 8 Farbtafeln, 30 Zeichnungen, kart. ●

Frisch und leicht als Hauptgericht
Schlemmersalate
(**0934**-8) Von C. Adam, 64 S., 49 Farbfotos, Pappband. ●

Köstlich frisch auf den Tisch
Rohkostsalate
(**0865**-1) Von C. Adam, 48 S., 26 Farbfotos, Pappband. ●

Raffiniert und gesund würzen
Kräuterküche
(**0869**-4) Von A. Görgens, 48 S., 43 Farbfotos, Pappband. ●

Miekes Kräuter- und Gewürzkochbuch
(**0323**-4) Von I. Persy, K. Mieke, 88 S., 4 Farbtafeln, kartoniert. ●

Joghurt, Quark, Käse und Butter
Schmackhaftes aus Milch hausgemacht.
(**0739**-6) Von M. Bustorf-Hirsch, 32 S., 59 Farbabb., Pappband. ●

Gesund und vielseitig **Alles mit Joghurt**
täglich selbstgemacht, mit vielen Rezepten.
(**0382**-6) Von G. Volz, 64 S., 8 Farbt., kart. ●

Locker, flockig, leicht…
Müsli & Co
(**0965**-8) Von C. Adam, 64 S., 42 Farbfotos, Pappband. ●

Bärenstark und kerngesund
Vollwertkost für Kinder
(**0968**-2) Von S. Reiter, 64 S., 44 Farbfotos, Pappband. ●

Gesunde Ernährung für mein Kind
(**0776**-6) Von M. Bustorf-Hirsch, 112 S., 8 Farbtafeln, 5 s/w-Zeichnungen, kart. ●

Das Getreidemühlenkochbuch
(**1017**-6) Von M. Burstorf-Hirsch, 112 S., 8 Farbtafeln, kartoniert. ●

Meine Vollkornküche
Herzhaftes von echtem Schrot und Korn
(**0858**-9) Von S. Walz, 96 S., 8 Farbt., kart. ●

Die abwechslungsreiche Vollwertküche
Vitaminreich und naturbelassen kochen und backen. (**4229**-9) Von M. Bustorf-Hirsch, K. Siegel, 280 S., 31 Farbtafeln, 78 Zeichnungen, Pappband. ●●●●

Die verlockende Alternative
Süße Vollwertküche
(**0936**-4) Von A. Roßmeier, 64 S., 50 Farbfotos, Pappband. ●

Die gesunde Art, sich zu verwöhnen
Vollwertküche für Singles
(**0937**-2) Von A. Görgens, 64 S., 43 Farbfotos, Pappband. ●

Dinkel, Hirse, Roggenkorn…
Kerniges aus der Getreideküche
(**0932**-1) Von S. Frank, 64 S., 49 Farbfotos, Pappband. ●

Die feine Vollwertküche
(**4286**-8) Von M. Bustorf-Hirsch, 160 S., 83 Farbfotos, Pappband. ●●●

Mit Lust und Liebe…
Vollwertküche für Genießer
(**4412**-4) Von Prof. Dr. C. Leitzmann, H. Million, 256 S., 329 Farbfotos, Pappband. ●●●●

Naturküche à la carte
(**4406**-2) Von M. Wissing, M. Kirsch, 160 S., 179 Farbfotos, Pappband. ●●●●

Biologische Ernährung
für eine natürliche und gesunde Lebensweise. (**4125**-X) Von G. Leibold, 136 S., 15 Farbtafeln, 47 Zeichnungen, kart. ●●

Die feine Vegetarische Küche
(**4235**-3) Von F. Faist, 160 S., 191 Farbfotos, Pappband. ●●●

Schmackhafte Vollwertkost ohne tierisches Eiweiß
(**0993**-3) Von M. Bustorf-Hirsch, 96 S., 54 Farbfotos, kartoniert. ●●

Cholesterinarm kochen und genießen
(**4442**-9) Von R. Unsorg, 168 S., 132 Farbfotos, kartoniert. ●●●

Die aktuelle **Cholesterintabelle**
(**1088**-5) Von Dr. H. Oberritter, 84 S., 12 zweifarbige Grafiken, kartoniert. ●

Würzig kochen ohne Salz
(**0922**-4) Von S. Roediger-Streubel, 160 S., 16 Farbtafeln, kart. ●●

Alternativ essen
Die gesunde Sojaküche.
(**0553**-9) Von U. Kolster, 112 S., 8 Farbt., kart. ●

Kochen mit Tofu
Die gesunde Alternative.
(**0894**-5) Von U. Kolster, 80 S., 8 Farbtafeln, kart. ●

Gesund kochen mit Keimen und Sprossen
(**0794**-9) Von M. Bustorf-Hirsch, 96 S., 4 Farbtafeln, 13 s/w-Zeichnungen, kart. ●

Keime und Sprossen in der Naturküche
(**4299**-X) Von M. Bustorf-Hirsch, 96 S., 144 Farbfotos, Pappband. ●●

Backen mit Lust und Liebe
(**4284**-1) Von M. Schumacher, R. Krake, 242 S., 348 Farbfotos, 18 farb. Vignetten, 3 vierseitige Ausklapptafeln, Pappband. ●●●●

Tortenträume und Kuchenfantasien
Gebackene Köstlichkeiten originell dekoriert und verziert.
(**0823**-6) Von F. Faist, 80 S., 150 Farbfotos, kart. ●●

Waffeln
Hörnchen, Pfannkuchen und Crêpes.
(**0522**-9) Von C. Stephan, 64 S., 8 Farbtafeln, kart. ●

Mehr Freude und Erfolg beim
Brotbacken
(**4148**-9) Von A. und G. Eckert, 160 S., 177 Farbfotos, Pappband. ●●●

Selbst Brotbacken
Über 50 erprobte Rezepte.
(**0370**-6) Von A. und G. Eckert, 80 S., 4 Zeichnungen, 4 Farbtafeln, kart. ●

Meine Vollkornbackstube
Brot · Kuchen · Aufläufe. (**0616**-0) Von R. Raffelt, 96 S., 4 Farbtafeln, 12 Zeichnungen, kart. ●

Mit Körnern, Zimt und Mandelkern
Vollkorngebäck
(**0816**-3) Von M. Bustorf-Hirsch, 48 S., 39 Farbfotos, Pappband. ●

Knusprig, kernig, urgesund **Vollkornbrot**
(**0938**-0) Von S. Reiter, 64 S., 46 Farbfotos, Pappband. ●

Weihnachtsbäckerei
Köstliche Plätzchen, Stollen, Honigkuchen und Festtagstorten.
(**0682**-9) Von M. Sauerborn, 32 S., 34 Farbfotos, Pappband. ●

Meine Weihnachtsbackstube
(**5163**-8) Von M. Sauerborn, 32 S., 23 Farbfotos, mit Vorlagebogen in Originalgröße, kart. ●

Süße Verführungen **Desserts**
(**0885**-6) Von M. Bacher, 64 S., 75 Farbfotos, Pappband. ●

Süße Geheimnisse eiskalt gelüftet
Eis und Sorbets
(**0870**-8) Von H. W. Liebheit, 48 S., 38 Farbfotos, Pappband. ●

Raffiniertes mit
Eis
Drinks/Desserts/Eissorten
(**1029**-X) Von. F. Hoffmann, 64 S., 74 Farbfotos, Pappband. ●

Zart schmelzende Versuchungen
Schokolade
(**0819**-8) Von J. Schroer, 48 S., 53 Farbfotos, Pappband. ●

Mitbringsel aus meiner Küche
selbst gemacht und liebevoll verpackt.
(**0668**-3) Von C. Schönherr, 32 S., 30 Farbfotos, Pappband. ●

Marmeladen, Gelees und Konfitüren
Köstlich wie zu Omas Zeiten – einfach selbstgemacht. (**0720**-5) Von M. Gutta, 32 S., 23 Farbfotos, 1 Zeichnung, Pappband. ●

Einkochen, Einlegen, Einfrieren
(**4055**-5) Von B. Müller, 152 S., 27 s/w.-Abb., 16 Farbtafeln, kart. ●●

Haltbarmachen in der Öko-Küche
Gesunde Konservierungsmethoden für Obst, Gemüse, Kräuter und Pilze. (**0923**-2) Von M. Bustorf-Hirsch, 120 S., 92 Farbabb., kart. ●●

Komm, koch und back mit mir
Kunterbuntes Kochvergnügen für Kinder.
(**4285**-X) Von S. und H. Theilig, illustriert von B. v. Hayek, 112 S., 45 Farbabb., Pappband. ●●

Kinder lernen spielend backen
(**5110**-7) Von M. Gutta, 64 S., 50 Farbfotos, Pappband. ●●

Kinder lernen spielend kochen
Lieblingsgerichte mit viel Spaß selbst zubereitet
(**5096**-8) Von M. Gutta, 64 S., 45 Farbfotos, Pappband. ●●

Mit Lust und Liebe **Kalte Platten & Buffets**
Anrichten und Garnieren
(**4427**-5) Von P. Grotz, 176 S., 228 Farbfotos, Pappband. ●●●●

Garnieren und Verzieren
(**4236**-1) Von R. Biller, 160 S., 329 Farbfotos, 57 Zeichnungen, Pappband. ●●●

Köstlichkeiten für Gäste und Feste
Kalte Platten
(**4200**-0) Von I. Pfliegner, 160 S., 130 Farbfotos, Pappband. ●●●

Wenn Gäste kommen …
Kalte Küche
(**1060**-5) Von A. Ilies, 64 S., 49 Farbfotos, Pappband. ●

Fein und raffiniert
Canapés und kleine Köstlichkeiten
(**0963**-1) Von H. Imhof, 64 S., 53 Farbfotos, Pappband. ●

Festlich kochen und backen
für Advent und Weihnachten
(**4443**-7) Von A. Guter, 96 S., 66 Farbfotos, 1 s/w-Foto, Pappband. ●●

Der perfekt gedeckte Tisch
(**1028**-1) Von H. Tapper, 80 S., 161 Farbfotos, 13 Zeichnungen, kartoniert. ●●

Der schön gedeckte Tisch
Vom einfachen Gedeck bis zur Festtafel stimmungsvoll und perfekt arrangiert.
(**4246**-1) Von H. Tapper, 112 S., 206 Farbfotos, 21 s/w-Abbildungen, Pappband. ●●●

Servietten falten
80 Ideen für schön gedeckte Tische
(**1042**-7) Von M. Müller, O. Mikolasek, 80 S., 289 Farbfotos, 50 Zeichnungen, kartoniert. ●●

Phantasievolle Tischdekorationen selber machen
(**0984**-4) Von Y. Thalheim, H. Nadolny, 80 S., 174 Farbfotos, 21 Zeichnungen, kart. ●●

Tischkarten dekorativ gestalten
aus allerlei Material für viele Anlässe
(**0946**-1) Von H. York, 32 S., 108 Farbfotos, Pappband. ●

Servietten dekorativ falten
Geschmackvolle Anregungen aus Stoff und Papier. (**0804**-X) Von H. Tapper, 32 S., 134 Farbfotos, Pappband. ●

Tee für Genießer
Sorten · Riten · Rezepte. (**0356**-0) Von M. Nicolin, 64 S., 4 Farbtafeln, kart. ●

Weinlexikon
Wissenswertes über die Weine der Welt.
(**4149**-7) Von U. Keller, 228 S., 6 Farbtafeln, 395 s/w-Fotos, Pappband. ●●●

Weine und Säfte, Liköre und Sekt
selbstgemacht. (**0702**-7) Von P. Arauner, 232 S., 76 Abb., kart. ●●

Fruchtig, spritzig, eisgekühlt
Mixen ohne Alkohol
(**0935**-6) Von S. Späth, 64 S., 44 Farbfotos, Pappband. ●

Cocktails
(**4267**-1) Von W. R. Hoffmann, W. Hubert, U. Lottring, 160 S., 164 Farbfotos, 1 s/w-Foto, Pappband. ●●●

Cocktails und Mixereien
für häusliche Feste und Feiern. (**0075**-8) Von J. Walker, 96 S., 4 Farbtafeln, kart. ●

Neue Cocktails und Drinks
mit und ohne Alkohol. (**0517**-2) Von S. Späth, 128 S., 4 Farbtafeln, kart. ●

Die besten Punsche, Grogs und Bowlen
(**0575**-X) Von F. Dingden, 64 S., 4 Farbt., kart. ●

SLIM
Der neue, individuelle Schlankheitsplan
(**4277**-9) Von Prof. Dr. E. Menden, W. Aign 120 S., 440 Farbfotos, Pappband. ●●●

Schlank werden nach Dr. Hay **Trennkost**
Die bewährten Vollwert-Rezepte von Ursula Summ. (**4298**-1) Von U. Summ, 96 S., 54 Farbfotos, 1 Zeichnung, kart. ●●

Eßlust statt Diätfrust
Die Pfundskur
(**1102**-4) Von Prof. Dr. V. Pudel, 144 S., 8 s/w-Zeichnungen, 4 Vignetten, kartoniert. ●

Vitamine und Ballaststoffe
So ermittle ich meinen täglichen Bedarf
(**0746**-9) Von Prof. Dr. M. Wagner, I. Bongartz, 96 S., 6 Farbfotos, zahlreiche farb. Tabellen, kart. ●

Kalorien – Joule
Eiweiß · Fett · Kohlenhydrate tabellarisch nach gebräuchlichen Mengen. (**0374**-9) Von M. Bormio, 88 S., kart. ●

Hobby und Freizeit

Falken-Handbuch
Zeichnen und Malen
(**4167**-5) Von B. Bagnall, 336 S., 1154 Farbabb., Pappband. ●●●●●

Das große farbige PLAKA-Buch
Malen und Basteln
(**4402**-X) Von H.-J. Giesecke, 192 S., 224 Farbfotos, 20 Farb- und 4 s/w-Zeichnungen, Pappband. ●●●

Einmal grad und einmal krumm
Zeichenstunden für Kinder. (**0599**-7) Von H. Witzig, 144 S., 363 Abb. kart. ●

Punkt, Punkt, Komma, Strich
Zeichenstunden für Kinder
(**0564**-4) Von H. Witzig, 144 S., über 250 Zeichnungen, kart. ●

Figürliches Zeichnen
leicht gemacht
(**1010**-9) Von H. Witzig, 112 S., 462 Figuren, kartoniert. ●

Spielend zeichnen lernen mit den Montagsmalern
(**0974**-7) Von G. Lages, Sigi-Harreis, 112 S., 326 s/w-Zeichnungen, kartoniert. ●●

Kalligraphie
Die Kunst des schönen Schreibens
(**4263**-9) Von C. Hartmann, 120 S., 44 Farbvorlagen, 29 s/w-Vorlagen, 2 s/w-Zeichnungen, 38 Farbfotos, Pappband. ●●●●

Gestalten mit Schrift
Kalligraphie
(**1044**-3) Von I. Schade, 80 S., 2 Farb- und 1 s/w Foto, 143 Farbzeichnungen, kartoniert. ●●

Aquarellmalerei
als Kunst und Hobby (**4147**-0) Von H. Haack, B. Wersche, 136 S., 62 Farbfotos, 119 Zeichnungen, Pappband. ●●●●

Aquarellmalerei leicht gelernt
Materialien · Techniken · Motive.
(**0787**-6) Von T. Hinz, R. Braun, B. Zeidler, 32 S., 38 Farbfotos, 1 Zeichn., Pappband. ●

Hobby Aquarellmalen
Landschaft und Stilleben. (**0876**-7) Von I. Schade, A. Brück, 80 S., 111 Farbabb., kart. ●●

Hobby Ölmalerei
Landschaft und Stilleben. (**0875**-9) Von H. Kämper, I. Becker, 80 S., 93 Farbabb., kart. ●●

Hobby Bauernmalerei
(**0436**-2) Von S. Ramos und J. Roszak, 80 S., 116 Farbf. und 28 Motivvorlagen, kart. ●●

Bauernmalerei
Kreatives Hobby nach alter Volkskunst
(**5039**-9) Von S. Ramos, 64 S., 85 Farbfotos, Pappband. ●●

Seidenmalerei in Vollendung
(**4414**-3) Hrsg. von R. Smend, 160 S., 227 Farbfotos, 36 s/w-Fotos, geprägter Leineneinband mit Schutzumschlag, im Schuber, **DM 98,–**, S 784,–, Fr 90,20

Seidenmalerei als Kunst und Hobby
(**4264**-7) Von S. Hahn, 136 S., Farbabb., 1 s/w-Foto, Pappband. ●●●●

Hobby Seidenmalerei
(**0611**-X) Von R. Henge, 88 S., 106 Farbfotos, 28 Zeichnungen, kart. ●●

Neue zauberhafte Seidenmalerei
Motive und Anregungen aus der Natur.
(**0924**-0) Von R. Henge, 80 S., 148 Farbfotos, 27 s/w-Zeichnungen, kart. ●●

Kunstvolle Seidenmalerei
Mit zauberhaften Ideen zum Nachgestalten
(**0783**-3) Von I. Demharter, 32 S., 56 Farbfotos, Pappband. ●

Zauberhafte Seidenmalerei
Materialien · Techniken · Gestaltungsvorschläge. (**0664**-0) Von E. Dorn, 32 S., 62 Farbfotos, Pappband. ●

Aquarellieren auf Seide
Materialien · Techniken · Motive
(**0917**-8) Von I. Demharter, 32 S., 41 Farbfotos, Pappband. ●

Seidenmalerei Landschaften
(**5153**-0) Von D. Kosik, 32 S., 50 Farbfotos, 12 Zeichnungen, mit Vorlagebogen in Originalgröße, kart. ●

Seidenmalerei Kissen
(**5151**-4) Von I. Demharter, 32 S., 42 Farbfotos, 2 Zeichnungen, mit Vorlagebogen in Originalgröße, kart. ●

Seidenmalerei Blusen und T-Shirts
(**5184**-0) Von A. Keller, 32 S., 28 Farbfotos, 12 Zeichnungen, mit Vorlagebogen in Originalgröße, kartoniert. ●

Seidenmalerei Tücher und Schals
(**5152**-2) Von R. Henge, 32 S., 36 Farbfotos, 1 Zeichnung, mit Vorlagebogen in Originalgröße, kart. ●

Seidenmalerei Taschen und Gürtel
(**5194**-8) Von S. Tichy-Gibley, 32 S., 30 Farbfotos, 8 Farbzeichnungen, mit Vorlagebogen in Originalgröße, kartoniert. ●

Seidenmalerei Lampenschirme
(**5154**-9) Von I. Walter-Ammon, 32 S., 47 Farbfotos, 1 Zeichnung, mit Vorlagebogen in Originalgröße, kart. ●

Seidenmalerei Blüten, Blätter, Ranken
(**5165**-4) Von D. Kosik, 32 S., 35 Farbfotos, 4 Zeichnungen, mit Vorlagebogen in Originalgröße, kart. ●

Seidenmalerei Schmuckkarten und Miniaturbilder
(**5166**-2) Von I. Walter-Ammon, 32 S., 37 Farbfotos, 2 Zeichnungen, mit Vorlagebogen in Originalgröße, kart. ●

Seidenmalerei Bilder in Konturentechnik
(**5182**-4) Von I. Demharter, 32 S., 28 Farbfotos, 2 Zeichnungen, mit Vorlagebogen in Originalgröße, kartoniert. ●

Falken-Handbuch **Häkeln**
ABC der Häkeltechniken und Häkelmuster in ausführlichen Schritt-für-Schritt-Bildfolgen.
(**4194**-2) Von H. Fuchs, M. Natter, 288 S., 1073 Farbabb., Pappband. ●●●●

Das moderne Standardwerk von der Expertin
Perfekt Stricken
Mit Sonderteil Häkeln. (**4250**-2) Von H. Jaacks, 256 S., 703 Farbfotos, 169 Farb- und 121 s/w-Zeichnungen, Pappband. ●●●

Falken-Handbuch **Stricken**
ABC der Stricktechniken und Strickmuster in ausführlichen Schritt-für-Schritt-Bildfolgen. (**4137**-3) Von M. Natter, 312 S., 106 Farb- und 922 s/w-Fotos, 318 Zeichnungen, Pappband. ●●●●

Hobby Patchwork und Quilten
(**0768**-X) Von B. Staub-Wachsmuth, 80 S., 108 Farbabb., 43 Zeichnungen, kart. ●●

Hobby Applikationen
Materialien · Techniken · Modelle
(**0899**-6) Von H. Probst-Reinhardt, 80 S., 92 Farbfotos, 31 Zeichnungen, kart. ●●

Hobby Spitzencollagen
Bezaubernde Motive aus edlem Material
(**0847**-3) Von H. Westphal, 80 S., 186 Farbfotos, kart. ●●

Falken-Handbuch **Nähen**
Abc der Nähtechniken und kreative Modellschneiderei in ausführlichen Schritt-für-Schritt-Bildfolgen. (**4272**-8) Von A. Bree, 320 S., 1142 Abbildungen, Schnittmusterbogen für alle Modelle, Pappband. ●●●●

Marionetten
selbst bauen und führen
(**1043**-5) Von D. Köhnen, 80 S., 162 Farbfotos, mit Schnittmusterbogen, kartoniert. ●●

Zauberhafte alte Puppen
Sammeln · Restaurieren · Nachbilden
(**4255**-8) Von C.A. Stanton, J. Jacobs, 120 S., 157 Farbfotos, 24 Zeichnungen, Pappband. ●●●

Selbstgestrickte Puppen
Materialien und Arbeitsanleitungen
(**0638**-1) Von B. Wehrle, 32 S., 21 Farbfotos, 24 Zeichnungen, Pappband. ●

Puppen zum Liebhaben
(**5199**-9) Von B. Wehrle, 32 S., 27 Farbfotos, 9 s/w-Zeichnungen, mit Vorlagebogen in Originalgröße, kartoniert. ●

Kuscheltiere stricken und häkeln
Arbeitsanleitungen und Modelle. (**0734**-5) Von B. Wehrle, 32 S., 60 Farbfotos, 28 Zeichnungen, Pappband. ●

Phantasiepuppen stricken und häkeln
Märchenhafte Modelle mit Arbeitsanleitungen. (**0813**-9) Von B. Wehrle, 32 S., 26 Farbfotos, 46 Zeichnungen, Pappband. ●

Teddybären
Sechs beliebte Modelle
(**5159**-X) Von Y. Thalheim, H. Nadolny, 32 S., 46 Farbfotos, 9 Zeichnungen, mit Vorlagebogen in Originalgröße, kart. ●

Heißgeliebte Teddybären
Selbermachen · Sammeln · Restaurieren. (**0900**-3) Von H. Nadolny, Y. Thalheim, 80 S., 119 Farbfotos, 23 s/w-Zeichnungen, 14 S. Schnittmusterbogen, kart. ●●

Hobby Salzteig
(**0662**-4) Von I. Kiskalt, 80 S., 150 Farbfotos, 5 Zeichnungen, Schablonen, kart. ●●

Neue zauberhafte Salzteig-Ideen
(**0719**-1) Von I. Kiskalt, 80 S., 324 Farbfotos, 12 Zeichnungen, Schablonen, kart. ●●

Kreatives Gestalten mit Salzteig
Originelle Motive für Fortgeschrittene
(**0769**-8) Hrsg. I. Kiskalt, 80 S., 168 Farbfotos, kart. ●●

Originell und dekorativ
Salzteig mit Naturmaterialien
(**0833**-3) Von A. und H. Wegener, 80 S., 166 Farbfotos, kart. ●●

Salzteig kinderleicht
(**0973**-9) Von I. Kiskalt, 80 S., 224 Farbfotos, 8 Zeichnungen, kart. ●●

Töpfern
als Kunst und Hobby. (**4073**-3) Von J. Fricke, 132 S., 37 Farbfotos, 222 s/w-Fotos, Pappband. ●●●●

Kreatives Gestalten mit Ton
Töpfern ohne Scheibe – Aufbaukeramik
(**0896**-1) Von A. Riedinger, 80 S., 207 Farbfotos, 16 Zeichnungen, 7 Vignetten, kart. ●●

Kreatives Gestalten mit Ton
Töpfern auf der Scheibe
(**0971**-2) Von A. Riedlinger, 80 S., 28 Farb- und 3 s/w-Zeichng., 178 Farbfotos, kartoniert. ●●

Edles Porzellan
(**4437**-2) Von M. Lutze, Prof. E. Lessing, 160 S., 175 Farbfotos, Leineneinband, mit Schutzumschlag, im Schuber. ●●●●●

Hobby Glaskunst in Tiffany-Technik
(**0781**-7) Von N. Köppel, 80 S., 194 Farbfotos, 6 s/w-Abb., kart., ●●

Tiffany-Lampen selbermachen
Arbeitsanleitung · Materialien · Modelle
(**0684**-5) Von I. Spliethoff, 32 S., 60 Farbfotos, 19 Zeichnungen, Pappband. ●

Fensterbilder in Tiffany-Technik
(**5168**-9) Von P. Matz, 32 S., 43 Farbfotos, mit Vorlagebogen in Originalgröße, kart. ●

Tiffany-Schmuck selbermachen
Materialien · Arbeitsanleitungen · Modelle
(**0871**-6) Von B. Poludniak, H. G. Scheib, 32 S., 55 Farbfotos, Pappband. ●

Tiffany-Technik
und andere kunstvolle Arbeiten in Glas
(**0972**-0) Von. D. Köhnen, 80 S., 176 Farbfotos, 5 s/w-Zeichnungen, kart. ●●

Tiffany-Gürtelschnallen
(**5160**-3) Von G.G. Scheib, R. Grella, 32 S., 52 Farbfotos, 1 Zeichnung, mit Vorlagebogen in Originalgröße, kart. ●

Schmuck, Accessoires und Dekoratives
aus Fimo modelliert. (**0873**-2) Von A. Aurich, 32. S., 54 Farbfotos, Pappband. ●

Modeschmuck mit Federn und Straß
(**5167**-0) Von J. Niemeier, 32 S., 41 Farbfotos, mit Vorlagebogen in Originalgröße, kart. ●

Modeschmuck selbst modellieren
(**5196**-4) Von K. Eichler, 32 S., 51 Farbfotos, mit Vorlagebogen in Originalgröße, kartoniert. ●

Modeschmuck in vielen Variationen
(**5180**-8) Von A. Hahn, 32 S., 39 Farbfotos, 3 Zeichnungen, mit Vorlagebogen in Originalgröße, kartoniert. ●

Exklusiver Modeschmuck
aus dem eigenen Atelier
(**0925**-9) Von J. Niemeier, J. Klein, 80 S., 141 Farbfotos, 25 Zeichnungen, kart. ●●

Masken
phantasievoll dekorieren
(**5155**-7) Von Chr. Familler, 32 S., 48 Farbfotos, mit Vorlagebogen in Originalgröße, kart. ●

Bastelspaß mit der Laubsäge
Mit Schnittmusterbogen für viele Modelle in Originalgröße. (**0741**-8) Von L. Giesche, M. Bausch, 32 S., 61 Farbfotos, 7 Zeichnungen, Schnittmusterbogen, Pappband. ●

Strohschmuck selbstgebastelt
Sterne, Figuren und andere Dekorationen
(**0740**-X) Von E. Rombach, 32 S., 60 Farbfotos, 17 Zeichnungen, Pappband. ●

Hobby Drachen
bauen und steigen lassen. (**0767**-1) Von W. Schimmelpfennig, 80 S., 1 dreiseitige Ausklapptafel, 55 Farbfotos, 139 Zeichnungen kart. ●●

Lenkdrachen
bauen und fliegen
(**1011**-7) Von W. Schimmelpfennig, 64 S., 51 Farbfotos und 126 Zeichnungen, kartoniert. ●●

Drachen
Einfache Modelle für Kinder
(**5156**-5) Von W. Schimmelpfennig, 32 S., 11 Farbfotos, 31 Zeichnungen, mit Vorlagebogen in Originalgröße, kart. ●

Das große farbige
Bastelbuch für Kinder
(**4254**-X) Von U. Barff, I. Burkhardt, J. Maier. 224 S., 157 Farbfotos, 430 Farb- und 60 s/w-Zeichnungen, mit Schnittmusterbogen, Pappband. ●●●

Hobby Origami
Papierfalten für groß und klein
(**0756**-6) Von Z. Aytüre-Scheele, 80 S., 820 Farbfotos, kart. ●●

Neue zauberhafte Origami-Ideen
Papierfalten für groß und klein
(**0805**-8) Von Z. Aytüre-Scheele, 80 S., 720 Farbfotos, kart. ●●

Zauberwelt Origami
Tierfiguren aus Papier
(**1045**-1) Von Z. Aytüre-Scheele, 80 S., 660 Farbfotos, kartoniert. ●●

Origami –
Die Kunst des Papierfaltens. (**0280**-7) Von R. Harbin, 112 S., 633 Zeichnungen, 9 Fotos, kart. ●

Heut basteln wir mit Pappe und Papier
(**4413**-5) Von U. Barff, J. Maier, 224 S., 117 Farbfotos, 480 Farbzeichnungen, 25 s/w-Abbildungen, mit Schnittmusterbogen, Pappband. ●●●

Das große farbige Bastel- und Werkbuch
(**4439**-9) Von D. Rex, 256 S., 999 Farbfotos, 33 Farbzeichnungen, Pappband. ●●●●

Schritt für Schritt zum Scherenschnitt
Materialien · Techniken · Gestaltungsvorschläge. (**0732**-9) Von H. Klingmüller, 32 S., 38 Farbfotos, 34 Vorlagen, Pappband. ●

Fensterbilder in Scherenschnitt
(**5169**-7) Von A. Hahn, 32 S., 52 Farbfotos, 3 s/w-Fotos, mit Vorlagebogen in Originalgröße, kart. ●

Fensterbilder aus Papier
(**5158**-1) Von E. Rüscher, 32 S., 39 Farbfotos, 5 Zeichnungen, mit Vorlagebogen in Originalgröße, kart. ●

Fensterbilder
Meine Lieblingstiere
(**5197**-2) Von Y. Thalheim, H. Nadolny, 32 S., 38 Farbfotos, mit Vorlagebogen in Originalgröße, kartoniert. ●

Die schönsten Fensterbilder
(**1066**-4) Von C. Kimmerle, 64 S., 100 Farbfotos, kartoniert. ●●

Perfekte Fensterbilder
(**4470**-4) Von S. Haenitsch-Weiß, A. Weiß, 8 vierfarbige Bogen 280-g-Karton mit Stanzung + 16 S. zweifarbige Ein/Anleitung. ●●

Märchenhafte Fensterbilder
(**5185**-9) Von J. Maier, 32 S., 37 Farbfotos, mit Vorlagebogen in Originalgröße, kartoniert. ●

Fensterbilder Blumen und Tiere
(**5186**-7) Von M. Twachtmann, 32 S., 41 Farbfotos, 3 Zeichnungen, mit Vorlagebogen in Originalgröße, kartoniert. ●

Papierflieger
(**5157**-3) Von T. Gött, 32 S., 73 Farbfotos, 19 Zeichnungen, mit Vorlagebogen in Originalgröße, kart. ●

Mobiles aus Papier
(**5183**-2) Von J. Maier, 32 S., 17 Farbfots, 35 Farbzeichnungen, mit Vorlagebogen in Originalgröße, kartoniert. ●

Schachteln basteln und dekorieren
(**5170**-0) Von Chr. Adjano, 32 S., 55 Farbfotos, mit Vorlagebogen in Originalgröße, kart. ●

Die große Schachtelparade
(**4438**-0) Von Present Team, 16 vierfarbige Bogen 250-g-Karton mit Schachtelstanzung mit 4 S. Einleitung. ●●●

Deco Art
Die Kunst, Geschenke zu verpacken
(**0949**-6) Von B. Niermann, 80 S., 78 Farbfotos, 191 Zeichnungen, kart. ●●

Geschenkeverpacken für Kinderfeste
(**5195**-6) Von C. Netolitzky, 32 S., 43 Farbfotos, mit Vorlagebogen in Originalgröße, kartoniert. ●

Bunte Dekorationen für den Kindergeburtstag
Mit Spielanleitung zum Fest der Tiere
(**4471**-2) Von S. Haenitsch-Weiß, A. Weiß, 8 vierfarbige Bogen 280-g-Karton mit Stanzung + 16 S., zweifarbige Ein/Anleitung. ●●

Originelles Ambiente für Gäste
Festdekorationen
(**1049**-4) Von B. Niermann, 80 S., 125 Farbfotos, 59 Farbzeichng., kartoniert. ●●

Dekorieren und Arrangieren mit
Seidenblumen
(**5200**-6) Von M. L. Spang, 32 S., 37 Farbfotos, 14 Farbzeichnungen, mit Vorlagebogen in Originalgröße, kartoniert. ●

Tischkarten dekorativ gestalten
aus allerlei Material für viele Anlässe
(**0946**-1) Von H. York, 32 S., 108 Farbfotos, Pappband. ●

Glückwunschkarten
(**5179**-4) Von A. Kolb, B. Michel, 32 S., 54 Farbfotos, mit Vorlagebogen in Originalgröße, kartoniert. ●

Altes Brauchtum neu entdeckt
Schmuck-Eier
Kunstvoll gestalten und verzieren. (**0919**-4) Von I. Kiskalt, 32 S., 45 Farbfotos, 3 s/w-Zeichnungen, Pappband. ●

Dekorationen für Ostern
(**5198**-0) Von Y. Thalheim, H. Nadolny, 32 S., 48 Farbfotos, mit Vorlagebogen in Originalgröße, kartoniert. ●

Basteln für Ostern
(**5164**-6) Von Chr. Adjano, 32 S., 47 Farbfotos, mit Vorlagebogen in Originalgröße, kart. ●

Weihnachtsgeschenke schön verpacken
Schachteln · Dekorationen · Geschenkpapiere
(**4469**-0) Von Present Team, 10 vierfarbige Bogen 250-g-Karton mit Stanzung, 4 Bogen Geschenkpapier + 4 S. Einleitung. ●●●

Alle Jahre wieder...
Advent und Weihnachten
Basteln, Backen, Schmücken, Singen, Vorlesen, Feiern
(**4260**-4) Von H. und Y. Nadolny, 256 S., 105 Farbfotos, 130 Zeichn., Pappband. ●●●

Basteln und dekorieren für
Advent und Weihnachten
(**4446**-1) Von G. Teusen, C. Netolitzky, 176 S., 285 Farbfotos, mit Bastelvorlagebogen, Pappband. ●●●

Basteln für Weihnachten
(**5162**-X) Von Chr. Adjano, 32 S., 44 Farbfotos, mit Vorlagebogen in Originalgröße, kart. ●

Fensterdekorationen für die Weihnachtszeit
(**5181**-6) Von Y. Thalheim, H. Nadolny, 32 S., 33 Farbfotos, mit Vorlagebogen in Originalgröße, kartoniert. ●

Adventskalender
(**5178**-6) Von Y. Thalheim, H. Nadolny, 32 S., 35 Farbfotos, mit Vorlagebogen in Originalgröße, kartoniert. ●

Weihnachtsbasteleien
Advents- und Weihnachtsschmuck für groß und klein
(**0667**-5) Von M. Kühnle und S. Beck, 32 S., 56 Farbfotos, 6 Zeichnungen, Pappband. ●

Feuerzeichen behaglicher Wohnkultur
Kachelöfen, Kamine und Kaminöfen
(**4288**-4) Hrsg. von C. Berninghaus. Von R. Heinen, G. Kosicek, H.P. Sabborrosch, 168 S., 291 Farbfotos, 2 s/w-Fotos, 8 Zeichnungen, Pappband. ●●●●

Falken Handbuch
Heimwerken
Reparieren und Selbermachen im Haus und Wohnung – über 1100 Farbfotos. Praktische Tips vom Profi: Selbermachen, Reparieren, Renovieren, Kostensparen. (**4117**-9) Von Th. Pochert, 440 S., 1103 Farbfotos, 100 ein- und zweifarbige Abb., Pappband. ●●●●

Restaurieren von Möbeln
Stilkunde, Materialien, Techniken, Arbeitsanleitungen in Bildfolgen.
(**4120**-9) Von E. Schnaus-Lorey, 152 S., 37 Farbfotos, 75 s/w-Fotos, 352 Zeichnungen, Pappband. ●●●●

Möbel aufarbeiten, reparieren und pflegen
(**0386**-2) Von E. Schnaus-Lorey, 96 S., 28 Fotos, 101 Zeichnungen, kart. ●

FALKEN-Heimwerker-Praxis
Kleinmöbel aus Holz
(**0905**-4) Von O. Maier, 128 S., 210 Farbfotos, 80 Zeichnungen, kart. ●●

FALKEN-Heimwerker-Praxis
Anstreichen und Lackieren
(**0771**-X) Von P. Müller, 120 S., 196 Farbfotos, 2 s/w-Fotos, 3 Zeichnungen, kart. ●●

FALKEN-Heimwerker-Praxis
Elektroarbeiten
(**0975**-5) Von K.H. Schubert, 120 S., 193 Farbfotos, 40 Zeichnungen, kart. ●●

Falken-Heimwerker-Praxis
Mofa- und Moped-Reparaturen
(**1008**-7) Von T. Kohlmey, 128 S., 280 Farbabbildg. und Zeichng., kartoniert. ●●

FALKEN-Heimwerker-Praxis
Fahrrad-Reparaturen
(**0796**-5) Von R. van der Plas, 112 S., 140 Farbfotos, 113 farbige Zeichnungen, kart. ●●

Ikebana
Einführung in die japanische Kunst des Blumensteckens. (**0548**-2) Von G. Vocke, 152 S., 47 Farbfotos, kart. ●●

Blütenbilder aus Blumen und Blättern
Phantasievolle Naturcollagen
(**0872**-4) Von G. Schamp, 32 S., 57 Farbfotos, 1 Zeichnung, Pappband. ●

Hobby Gewürzsträuße
und zauberhafte Gebinde nach Salzburger Art. (**0726**-4) Von A. Ott, 80 S., 101 Farbfotos, 51 farbige Zeichnunen, kart. ●●

Hobby Trockenblumen
Gewürzsträuße, Gestecke, Kränze, Buketts. (**0643**-8) Von R. Strobel-Schulze, 88 S., 170 Farbfotos, kart. ●●

Neue zauberhafte Trockenblumen-Ideen
(**0821**-X) Von R. Strobel-Schulze, 80 S., 163 Farbfotos, kart. ●●

Phantasievolles Schminken
Verzauberte Gesichter für Maskeraden, Laienspiele und Kinderfeste
(**0907**-0) Hrsg.: H. u. Y. Nadolny, 64 S., 227 Farbfotos, kartoniert. ●●

Schminken für Kinder
(**5177**-8) Von Y. Thalheim, H. Nadolny, 32 S., 68 Farbfotos, mit Vorlagebogen in Originalgröße, kartoniert. ●

Mit vollem Genuß **Pfeife rauchen**
Alles über Tabaksorten, Pfeifen und Zubehör (**4227**-2) Von H. Behrens, H. Frickert, 168 S., 127 Farbfotos, 18 Zeichn., Pappband. ●●●●

Pfeiferauchen leicht gemacht
Die richtige Art, Tabak zu genießen
(**1026**-5) Von O. Pollner, 112 S., 125 Farbfotos, 5 zweifarbige-Abb., kart. ●●

Münzen
Ein Brevier für Sammler. (**0353**-6) Von E. Dehnke, 128 S., 4 Farbtafeln, 17 s/w-Abb., kart. ●●

Die Fazination der Philatelie
Briefmarken sammeln
(**4273**-6) Von D. Stein, 212 S., 124 s/w-Fotos, 24 Farbtafeln, Pappband. ●●●

Briefmarken sammeln
(**0481**-8) Von D. Stein. 120 S., 4 Farbtafeln, 98 s/w-Abb., kart. ●

Freizeit mit dem Mikroskop
(**0291**-2) Von M. Deckart, 132 S., 8 Farbtafeln, 64 s/w-Abb., 2 Zeichnungen, kart. ●●

Astronomie im Bild
Unser Sternenhimmel rund ums Jahr
(**0849**-X) Von Dr. E. Übelacker, 88 S., 48 Farbfotos, 1 s/w-Foto, 68 Farbzeichn., kart. ●●

Astronomie als Hobby
Sternbilder und Planeten erkennen und benennen. (**0572**-5) Von D. Block, 176 S., 16 Farbtafeln, 49 s/w-Fotos, 93 Zeichnungen, kart. ●●

Moderne Fotopraxis
(**4401**-1) Von G. Koshofer, Prof. H. Wedewardt, 224 S., 363 Farbfotos, 106 s/w-Fotos, 5 Farb- und 24 s/w-Zeichnungen, Pappband. ●●●

Mach dir ein Bild
Praxistips für Foto, Film und Video
(**4410**-0) Von G. Staab, 208 S., 202 Farbfotos, 175 s/w-Fotos, 1 Zeichnung, Pappband. ●●●

So macht man bessere Fotos
Das meistverkaufte Fotobuch der Welt
(**0614**-4) Von M. L. Taylor, 192 S., 457 Farbfotos, 8 s/w-Fotos, 7 Zeichnungen, kart. ●●

Aktfotografie
Interpretationen zu einem unerschöpflichen Thema. Gestaltung · Technik · Spezialeffekte. (**0737**-X) Von H. Wedewardt, 88 S., 144 Farb- und 6 s/w-Fotos, 6 Zeichnungen, kart. ●●

Videografieren
Filmen mit Video 8. Technik – Bildgestaltung – Schnitt – Vertonung. (**0843**-0) Von M. Wild, K. Möller, 120 S., 101 Farbfotos, 22 s/w-Fotos, 52 Zeichnungen, kart. ●●

Videografieren perfekt
Profitricks für Aufnahmetechnik und Nachbearbeitung
(**0969**-0) Von W. Schild, 120 S., 144 Farbabb., 5 s/w-Zeichnungen, kart. ●●●

Schmalfilmen
Ausrüstung · Aufnahmepraxis · Schnitt · Ton. (**0342**-0) Von U. Ney, 108 S., 4 Farbtafeln, 25 s/w-Fotos, kart. ●

Anlagenbau in Modultechnik
für Modelleisenbahnen und Dioramen.
(**0845**-7) Von J. Thal, 104 S., 68 Farbfotos, 28 Zeichnungen, kart. ●●●

Kleine Welt auf Rädern
Das faszinierende Spiel mit **Modelleisenbahnen** (**4175**-6) Von F. Eisen, 256 S., 72 Farb- und 180 s/w-Fotos, 25 Zeichnungen, Pappband. ●●●

Elektronik als Hobby
Von der Grundlagenschaltung zum integrierten Schaltkreis
Mit 8 wichtigen Universalplatinen
(**4293**-0) Von W. Priesterath, 264 S., 80 s/w-Fotos, 128 Zeichn., Pappband. ●●●

Die Super-Sportwagen der Welt
(**4423**-2) Von H.G. Isenberg, 194 S., 184 Farbfotos, 4 farbige Ausklapptafeln, 32 s/w-Fotos, Pappband. ●●●●

Die Super Oldtimer der Welt
(**4465**-8) Von H. G. Isenberg, 194 S., 161 Farb- und 36 s/w-Fotos, 4 Ausklapptafeln, Pappband. ●●●●

Die Super-Trucks der Welt
(**4257**-4) Von H. G. Isenberg, 194 S., 205 Farbfotos, 87 s/w-Fotos, 7 Farbzeichnungen, 4 farb. Ausklapptafeln, Pappband. ●●●●

Die Super-Motorräder der Welt
(**4193**-4) Von H. G. Isenberg, 192 S., 170 Farb- und 100 s/w-Fotos, 8 Zeichnungen, Pappband. ●●●●

Die Super-Eisenbahnen der Welt
(**4287**-6) Von W. Kosak, H. G. Isenberg, 224 S., 269 Farbfotos, 79 s/w-Fotos, 8 Vignetten, 5 farb. Ausklapptafeln, Pappband. ●●●●

Sport und Fitneß

Neue Lehrmethoden der Judo-Praxis
(**0424**-9) Von P. Herrmann, 223 S., 475 Abb., kart. ●●

Judo
Grundlagen - Methodik. (**0305**-6) Von M. Ohgo, 208 S., 1025 Fotos, kart. ●●

Fußwürfe
für Judo, Karate und Selbstverteidigung. (**0439**-7) Von H. Nishioka, übers. von H.J. Heese, 96 S., 260 Abb., kart. ●●

Modernes Karate
Das große Standardwerk mit 2279 Abbildungen. (**4280**-9) Von T. Okazaki, Dr. med. M. V. Stricevic, übers. von M. Pabst, 376 S., 2279 s/w-Abb., Pappband. ●●●●●

Nakayamas Karate perfekt 1
Einführung. (**0487**-7) Von M. Nakayama, 136 S., 605 s/w-Fotos, kart. ●●

Nakayamas Karate perfekt 2
Grundtechniken. (**0512**-1) Von M. Nakayama, 136 S., 354 s/w-Fotos, 53 Zeichn., kart. ●●

Nakayamas Karate perfekt 3
Kumite 1: Kampfübungen. (**0538**-5) Von M. Nakayama, 128 S., 424 s/w-Fotos, kart. ●●

Nakayamas Karate perfekt 4
Kumite 2: Kampfübungen. (**0547**-4) Von M. Nakayama, 128 S., 394 s/w-Fotos, kart. ●●

Nakayamas Karate perfekt 5
Kata 1: Heian, Tekki. (**0571**-7) Von M. Nakayama, 144 S., 1229 s/w-Fotos, kart. ●●

Nakayamas Karate perfekt 6
Kata 2: Bassai-Dai, Kanku-Dai, (**0600**-4) Von M. Nakayama, 144 S., 1300 s/w-Fotos, 107 Zeichnungen, kart. ●●

Nakayamas Karate perfekt 7
Kata 3: Jitte, Hangetsu, Empi. (**0618**-7) Von M. Nakayama, 144 S., 1988 s/w-Fotos, 105 Zeichnungen, kart. ●●

Nakayamas Karate perfekt 8
Gankaku, Jion. (**0650**-0) Von M. Nakayama, 144 S., 1174 s/w-Fotos, 99 Zeichnungen, kart. ●●

Karate für alle
Karate-Selbstverteidigung in Bildern. (**0314**-5) Von A. Pflüger, 104 S., 323 s/w-Fotos, kart. ●●

Fit mit **Karate**
(**2308**-1) Von A. Pflüger, 96 S., 134 Farbfotos, 4 s/w-Zeichnungen, kart. ●●

25 Shotokan-Katas
Auf einen Blick: Karate-Katas für Prüfungen und Wettkämpfe. (**0859**-7) Von A. Pflüger, 88 S., 185 s/w-Abb., 24 ganzseitige Tafeln mit über 1.600 Einzelschritten, kart. ●●

Kontakt-Karate
Ausrüstung · Technik · Training. (**0396**-X) Von A. Pflüger, 112 S., 238 s/w-Fotos, kart. ●●

Bo-Karate
Habo-Jitsu – die Techniken des Stockkampfes. (**0447**-8) Von G. Stiebler, 176 S., 424 s/w-Fotos, 38 Zeichnungen, kart. ●●

Karate 1
Einführung · Grundtechniken. (**0227**-0) Von A. Pflüger, 144 S., 195 s/w-Fotos, 120 Zeichnungen, kart. ●

Karate 2
Kombinationstechniken · Katas. (**0239**-4) Von A. Pflüger, 176 S., 452 s/w-Fotos und Zeichnungen,kart. ●

Karate Kata 1
Heian 1–5, Tekki 1, Bassai Dai. (**0683**-7) Von W.-D. Wichmann, 164 S., 703 s/w-Fotos, kart. ●●

Karate Kata 2
Jion, Empi, Kanku-Dai, Hangetsu. (**0723**-X) Von W.-D. Wichmann, 140 S., 661 s/w-Fotos, 4 Zeichnungen, kart. ●●

Der König des Kung-Fu
Bruce Lee
Sein Leben und Kampf. (**0392**-7) Von L. Lee, 136 S., 104 s/w-Fotos, kart. ●●

Bruce Lees Kampfstil 1
Grundtechniken. (**0473**-7) Von B. Lee, M. Uyehara, 109 S., 220 Abb., kart. ●

Bruce Lees Kampfstil 2
Selbstverteidigungs-Techniken. (**0486**-9) Von B. Lee, M. Uyehara, 128 S., 310 Abb., kart. ●

Bruce Lees Kampfstil 3
Trainingslehre. (**0503**-2) Von B. Lee, M. Uyehara, 112 S., 246 Abb., kart. ●

Bruce Lees Kampfstil 4
Kampftechniken (**0523**-7) Von B. Lee, M. Uyehara, 104 S., 211 Abb., kart. ●

Kung-Fu 1
Legende · Philosophie · Grundtechniken (**0891**-0) Von Chr. Yim, 152 S., 401 s/w-Fotos, 2 s/w-Zeichnungen, kart. ●●

Kung-Fu und Tai-Chi
Grundlagen und Bewegungsabläufe. (**0367**-6) Von B. Tegner, 182 S., 370 s/w-Fotos, kart. ●●

Kung-Fu
Grundlagen · Bewegungsabläufe · Körperschule. (**0376**-5) Von M. Pabst, 160 S., 330 Abb., kart. ●●

Bruce Lees Jeet Kune Do
(**0440**-0) Von B. Lee, 192 S., mit 105 eigenhändigen Zeichnungen von B. Lee, kart. ●●

Shaolin-Kempo – Kung-Fu
Chinesisches Karate im Drachenstil. (**0395**-1) Von R. Czerni, K. Konrad, 246 S., 723 Abb., kart. ●●

Kickboxen
Fitneßtraining und Wettkampfsport. (**0795**-7) Von G. Lemmens, 96 S., 208 s/w-Fotos, 23 Zeichnungen, kart. ●●

Ninja 1
Die Lehre der Schattenkämpfer. (**0758**-2) Von S.K. Hayes, übers. von J. Schmit, 144 S., 137 s/w-Fotos, kart. ●●

Ninja 2
Die Wege zum Shoshin (**0763**-9) Von S.K. Hayes, übers. von J. Schmit, 160 S., 309 s/w-Fotos, 2 Zeichnungen, kart. ●●

Ninja 3
Der Pfad des Togakure-Kämpfers. (**0764**-7) Von S.K. Hayes, übers. von J. Schmit, 144 S., 197 s/w-Fotos, 2 Zeichnungen, kart. ●●

Ninja 4
Das Vermächtnis der Schattenkämpfer (**0807**-4) Von S.K. Hayes, übers. von J. Schmit, 196 S., 466 s/w-Fotos, kart. ●●

Taekwondo perfekt 1
Die Formenschule bis zum Blaugurt (**0890**-2) Von K. Gil, Kim Chul-Hwan, 176 S., 439 s/w-Fotos, 107 Zeichnungen, kart. ●●

Taekwondo perfekt 2
Die Formenschule vom Blau- bis zum Schwarzgurt (**0976**-3) Von K. Gil, K. Chul-Hwan, 192 S., 461 s/w-Fotos, 112 Zeichnungen, kart. ●●

Taekwondo perfekt 3
(**1068**-0) Von K. Gil, K. Chul-Hwan, 200 S., 429 s/w-Fotos, kartoniert. ●●

Illustriertes Handbuch des Taekwondo
Koreanische Kampfkunst und Selbstverteidigung. (**4053**-9) Von K. Gil, 248 S., 1026 Abb., Pappband. ●●●

Taekwon-Do
Koreanischer Kampfsport. (**0347**-1) Von K. Gil, 152 S., 408 Abb., kart. ●●

Ju-Jutsu als Wettkampf
(**0826**-0) Von G. Kulot, 168 S., 418 s/w-Fotos, 2 Zeichnungen, kart. ●●

Ju-Jutsu 1
Grundtechniken - Moderne Selbstverteidigung. (**0276**-9) Von W. Heim, F.J. Gresch, 164 S., 450 s/w-Fotos, 8 Zeichn., kart. ●

Ju-Jutsu 2
für Fortgeschrittene und Meister. (**0378**-1) Von W. Heim, F. J. Gresch, 160 S., 798 s/w-Fotos, kart. ●●

Ju-Jutsu 3
Spezial-, Gegen- und Weiterführungs-Techniken · Stockkampfkunst. (**0485**-0) Von W. Heim, F.J. Gresch, 200 S., über 600 s/w-Fotos, kart. ●●

Aikido
Lehren und Techniken des harmonischen Weges. (**0537**-7) Von R. Brand, 280 S., 697 Abb., kart. ●●

Hap Ki Do
Koreanische Selbstverteidigung nach dem Lehrsystem des Großmeisters. (**0379**-X) Von Kim Sou Bong, 112 S., 152 Abb., kart. ●●

Dynamische Tritte
Grundlagen für den Zweikampf. (**0438**-9) Von C. Lee, 96 S., 398 s/w-Fotos, 10 Zeichnungen, kart. ●●

Selbstverteidigung
Abwehrtechniken für Sie und Ihn (**0853**-8) Von E. Deser, 96 S., 259 s/w-Fotos, kart. ●

Die Faszination athletischer Körper
Bodybuilding
mit Weltmeister Ralf Möller. (**4281**-7) Von R. Möller, 128 S., 169 Farbfotos, 14 s/w-Fotos, 1 Farbzeichn., Pappband. ●●●●

Bodyshaping · Bodybuilding
Mit Anja Albrecht zur Idealfigur. (**4405**-4) Von A. Albrecht, 128 S., 164 Farbfotos, 4 s/w-Fotos, 1 Farb- und 1 s/w-Zeichnung, Pappband. ●●●●

Ladyfitneß
Das neue Körperbewußtsein der Frau
Bodyshaping · Körperpflege · Ernährung · Entspannung
(**4433**-X) Von Prof. Dr. S. Starischka, B. Grabis, D. von Gramm, G.W. Kienitz, ca. 128 S., ca. 113 Farbfotos, Pappband. ●●●

Bodybuilding für Frauen
Wege zu Ihrer Idealfigur (**0661**-6) Von H. Schulz, 112 S., 84 s/w-Fotos, 4 Zeichnungen, kart. ●

Fit mit **Bodybuilding**
(**2314**-6) Von L. Spitz, 112 S., 203 Farbabbildungen, 10 Tabellen. ●●

Bodybuilding Anleitung zum Muskel- und Konditionstraining für sie und ihn. (**0604**-7) Von R. Smolana, 160 S., 171 s/w-Fotos, kart. ●

Hanteltraining zu Hause
(**0800**-7) Von W. Kieser, 80 S., 71 s/w-Fotos, 4 Zeichnungen, kart. ●

Leistungsfähiger durch Krafttraining
Eine Anleitung für Fitness-Sportler, Trainer und Athleten (**0617**-9) Von W. Kieser, 96 S., 20 s/w-Fotos, 62 Zeichnungen, kart. ●

Fit und gesund
Fitneßtraining und Bodybuilding zu Hause. Trainingsprogramme für Ihr Wohlbefinden. (**0782**-5) Von Prof. Dr. S. Starischka, 80 S., 100 Farbfotos, 3 Zeichnungen, kart. ●●

Optimale Ernährung
für Krafttraining und Budybuilding. (**0912**-7) Von B. Dahmen, 88 S., 8 Farbtafeln, 8 Zeichnungen, kart. ●

Fit mit **Bio-Training**
für Kraft, Ausdauer und Schnelligkeit (**2310**-3) Von L. Spitz, 112 S., 197 Farbfotos, 11 Farb- und 4 s/w-Zeichnungen, kart. ●●

Top-Form im Sport
Ernährungs-Training
Das Erfolgsprogramm für den Ausdauersportler. (**0945**-3) Von M. Inzinger, Dipl.-Oec. troph. G. Wagner, 160 S., 31 Farbzeichnungen, 16 Grafiken, kart. ●●

Gesund und fit durch **Konditionstraining und Wirbelsäulengymnastik**
(**0844**-9) Von R. Milser u. K. Grafe, 104 S., 99 Farbfotos, 12 Farbzeichnungen, 5 s/w-Zeichnungen, kart. ●●

Fit mit **Tai Chi**
als sanfte Körpererfahrung (**2305**-7) Von B. u. K. Moegling, 112 S., 121 Farbfotos, 6 Farb- u. 4 s/w-Zeichnungen, kart. ●●

Isometrisches Training
Übungen für Muskelkraft und Entspannung. (**0529**-6) Von L. M. Kirsch, 140 S., 162 s/w-Fotos, kart. ●●

Stretching
Mit Dehnungsgymnastik zu Entspannung. Geschmeidigkeit und Wohlbefinden. (**0717**-5) Von H. Schulz, 80 S., 90 s/w-Fotos, kart. ●

Fit mit **Stretching**
(**2304**-9) Von B. Kurz, 96 S., 255 Farbfotos, kart. ●●

Gesund und fit durch Gymnastik
(**0366**-8) Von H. Pilss-Samek, 88 S., 130 Abb., kart. ●

Fit und frisch
Gymnastik für die ganze Familie (**6501**-9) Von G. Sieber, 104 S., 306 Farbfotos, 5 Farbzeichnungen, kart., mit Audiokassette, Laufzeit 30 Min., ●●●

Fit mit Frank Elstner
Das neue Aktiv-Programm (**4430**-5) Hrsg. von Frank Elstner, fachl. Mitarbeiter Prof. Dr. S. Starischka u. a., 184 S., 215 Farbfotos, 72 Zeichnungen, 8 farbige Grafiken. ●●●●

Fit mit **Laufen**
(**2315**-4) Von W. Sonntag, 96 S., 60 Farbfotos, 8 Farbzeichnungen, kart. ●●

Spaß am Laufen
Jogging für die Gesundheit. (**0470**-2) Von W. Sonntag. 140 S., 41 s/w-Fotos, 1 Zeichnung, kart. ●

Fit mit **Sportschießen**
(**2312**-X) Von H. Gabelmann, ca. 112 S., ca. 100 Farbabbildungen, kart. ●●

Fechten
Florett · Degen · Säbel. (**0449**-4) Von E. Beck, 88 S., 185 Fotos, 10 Zeichnungen, kart. ●●

Fit mit **Sportabzeichen**
(**2307**-3) Von G. Hennige, 104 S., 107 Farbfotos, kart. ●●

Volleyball
Technik · Taktik · Regeln. (**0351**-X) Von H. Huhle, 104 S., 330 Abb., kart. ●

Fit mit **Volleyball**
(**2302**-2) Von Dr. A. Scherer, 104 S., 27 Farb- und 1 s/w-Foto, 12 Farb- und 29 s/w-Zeichnungen, kart. ●●

Fit mit **Fußball**
(**2309**-X) Von H. Obermann, P. Walz, 112 S., 47 Farbfotos, 18 Farb- und 25 s/w-Zeichnungen, kart. ●●

Handball
Technik · Taktik · Regeln. (**0426**-5) Von F. und P. Hattig, 128 S., 91 s/w-Fotos, 121 Zeichnungen, kart. ●●

Die neue Tennis-Praxis
Der individuelle Weg zu erfolgreichem Spiel. (**4097**-0) Von R. Schönborn, 240 S., 202 Farbzeichnungen, 31 s/w-Abb., Pappband. ●●●●

Tennis
Technik · Taktik · Regeln. (**0375**-7) Von W. u. S. Taferner, 112 S., 81 Abb., kart. ●

Tischtennis-Technik
Der individuelle Weg zu erfolgreichem Spiel. (**0775**-2) Von M. Perger, 144 S., 296 Abb. kart. ●●

Badminton
Technik · Taktik · Training. (**0699**-3) Von K. Fuchs, L. Sologub, 168 S., 51 Abb., kart., ●●

Squash
Ausrüstung · Technik · Regeln. (**0539**-3) Von D. von Horn, H.-D. Stünitz, 96 S., 55 s/w-Fotos, 25 Zeichnungen, kart. ●

Fit mit **Squash**
(**2311**-1) Von P. Langhammer, R. Michna, 96 S., 86 Farbfotos, 13 Farbzeichnungen, kart. ●●

Eishockey
Lauf- und Stocktechnik, Körperspiel, Taktik, Ausrüstung und Regeln. (**0414**-1) Von J. Čapla, 264 S., 548 s/w-Fotos, 163 Zeichnungen, kart. ●●

Golf
Ausrüstung und Technik. (**0343**-9) Von J.C. Jessop, übersetzt von H. Biemer, mit einem Vorwort von H. Krings, Präsident des Deutschen Golf-Verbandes, 96 S., 57 Abb., Anhang Golfregeln des DGV, kart. ●●

Pool-Billard
(**0484**-2) Herausgegeben vom Deutschen Pool-Billard-Bund. Von M. Bach, K.-W. Kühn, 104 S., 64 Abb., kart. ●

Tanzstunde
Das Welttanzprogramm leicht gelernt (**4409**-2) Von G. Hädrich, 164 S., 489 s/w-Fotos, 63 Zeichnungen, Pappband. ●●●

Wir lernen tanzen
Standard- und lateinamerikanische Tänze (**0200**-9) Von E. Fern, 152 S., 119 s/w-Fotos, 47 Zeichnungen, kart. ●

Fit mit **Tanzen**
(**2303**-0) Von K. Richter, H. Kleinow, 96 S., 102 Farbfotos, kart. ●●

Dancing
Moderne Discotänze: mit Mambo und Salsa (**0977**-1) Von B. und F. Weber, 96 S., 207 s/w-Fotos, kart. ●●

Jive
(**5174**-3) Von Peter Wolff, 32 S., 66 Farbfotos, 7 Zeichng., mit Tanzteppich, kartoniert. ●

Cha-Cha-Cha
(**5177**-9) Von Peter Wolff, 32 S., 51 Farbfotos, 10 Zeichnungen, mit Tanzteppich, kartoniert. ●

Foxtrott
(**5172**-7) Von Peter Wolff, 32 S., 55 Farbfotos, 10 Zeichnungen, mit Tanzteppich, kartoniert. ●

Langsamer Walzer
(**5173**-5) Von Wolff, 32 S., 50 Farbfotos, 10 Zeichnungen, mit Tanzteppich, kartoniert. ●

Dirty Dancing
Step by Step leicht gelernt (**0992**-5) Von D. Glück, G. Teusen, 80 S., 140 Farbfotos, kart. ●●

Anmutig und fit durch
Bauchtanz
(**0911**-9) Von Marta, 120 S., 229 Farbfotos, 6 s/w-Zeichnungen, kart. ●●

Sporttauchen
Theorie und Praxis des Gerätetauchens (**0647**-0) Von S. Müßig, 144 S., 8 Farbtafeln, 35 s/w-Fotos, 89 Zeichnungen, kart. ●●

Angelfischerei von Aal bis Zander
Fische · Geräte · Technik. (**0324**-2) Von H. Oppel, 72 S., 16 Farbt., 49 s/w-Abb., kart. ●●

Angeln
Kleine Fibel für den Sportfischer. (**0198**-3) Von E. Bondick, 80 S., 4 Farbt., 116 Abb., kart. ●

Falken-Handbuch **Angeln**
in Binnengewässern und im Meer. (**4090**-3) Von H. Oppel, 344 S., 24 Farbtafeln, 66 s/w-Fotos, 151 Zeichn., gebunden. ●●●●

Funboard-Surfen
Material · Technik · Regatten · Internationale Reviere. (**4297**-3) Von J. Evans, 144 S., 106 Farbfotos, 9 Farbzeichnungen, 68 zweifarbige und 5 s/w-Zeichnungen, kart. ●●●

Fit mit
Surfen
(**2317**-3) Von H. Mönster, K.-H. Eden, B. Bohr, 104 S., 110 Farbfotos, 23 s/w-Zeichnungen, kartoniert. ●●

TELESKI
Skigymnastik perfekt
(**1037**-0) Von M. Vorderwülbecke, G. Kern, 120 S., 220 Farbfotos, 16 farbige Grafiken, 19 Farbzeichnungen, kartoniert. ●●

Fibel für Kegelfreunde
Sport- und Freizeitkegeln · Bowling (**0191**-6) Von G. Bocsai, 72 S., 62 Abb., kart. ●

Fit mit **Kegeln**
(**2301**-4) Von G. Gromann, 96 S., 51 Farbfotos, 50 Farb- und 4 s/w-Zeichnungen, kart. ●●

Beliebte und neue Kegelspiele
(**0271**-8) Von H. Regulski, 92 S., 62 Abb., kart. ●

111 spannende Kegelspiele
(**2031**-7) Von H. Regulski, 80 S., 53 Zeichnungen, kart. ●

Schach

Einführung in das Schachspiel
(**0104**-5) Von W. Wollenschläger und K. Colditz, 112 S., 116 Diagramme, kart. ●

Falken-Handbuch
Schach
(**4051**-2) Von T. Schuster, 360 S., über 340 Diagramme, gebunden. ●●●●

Spielend Schach lernen
(**2002**-3) Von T. Schuster, 96 S., kart. ●

Kinder- und Jugendschach
Offizielles Lehrbuch des Deutschen Schachbundes zur Erringung der Bauern-, Turm- und Königsdiplome. (**0561**-X) Von B.J. Withuis, H. Pfleger, 144 S., 220 Zeichnungen und Diagramme, kart. ●●

Zug um Zug
Schach für jedermann 1
Offizielles Lehrbuch des Deutschen Schachbundes zur Erringung des Bauerndiploms. (**0648**-9) Von H. Pfleger, E. Kurz, 80 S., 24 s/w- Fotos, 8 Zeichn., 60 Diagramme, kart. ●

FALKEN-Software
Zug um Zug
Schach für jedermann 1
(**7015**-2) Wendediskette für C 64/C 128 PC, mit Begleitheft. ●●●*

(**7005**-1) Wendediskette für Atari ST 520/1040 mit Begleitheft. ●●●●●*

Zug um Zug
Schach für jedermann 2
Offizielles Lehrbuch des Deutschen Schachbundes zur Erringung des Turmdiploms. (**0659**-4) Von H. Pfleger, E. Kurz, 128 S., 7 s/w-Fotos, 13 Zeichnungen, 78 Diagramme, kart. ●

Zug um Zug
Schach für jedermann 3
Offizielles Lehrbuch des Deutschen Schachbundes zur Erringung des Königdiploms. (**0728**-0) Von H. Pfleger, G. Treppner, 128 S., 4 s/w-Fotos, 84 Diagramme, 10 Zeichnungen, kart. ●

Schach für Fortgeschrittene
Taktik und Probleme des Schachspiels (**0219**-X) Von R. Teschner, 88 S., 85 Diagramme, kart. ●

Neue Schacheröffnungen
(**0478**-8) Von T. Schuster 104 S., 100 Diagramme, kart. ●

Lehr-, Übungs- und Testbuch der Schachkombinationen
(**0649**-7) Von K. Colditz, 184 S., 227 Diagramme, kart. ●●

Erfolgreiche Schachlehre
Eröffnungs- und Mittelspielstrategie (**0991**-7) Von D. Bronstein, 254 S., 201 Diagramme, Pappband. ●

Faszinierendes Schach
(**0989**-5) Von I. Linder, 285 S., 295 Diagramme, Pappband. ●●

Die hohe Schule der
Schachkombinationen
(**0920**-8) Von W. Golz, P. Keres, 272 S., 322 Diagramme, Pappband. ●●

Schwerfiguren greifen ein
(**0979**-8) Von J. Damski, 184 S., 244 Diagramme, Pappband. ●●

Sizilianisch siegen
durch die Kunst der Verteidigung (**0990**-2) Von M. Taimanow, 160 S., 124 Diagramme, Pappband. ●●

Schnelle Schachsiege
Das meisterliche Gambitspiel (**1038**-9) Von S. Samarian, 28 S., 125 Diagramme, kartoniert. ●●

Offizielles Lehrbuch des Deutschen Schachbundes
Das systematische Schachtraining
Trainingsmethoden, Strategien und Kombinationen. (**0857**-0) Von Sergiu Samarian, 152 S., 159 Diagramme, 1 Zeichn., kart. ●●

Taktische Schachendspiele
(**0752**-3) Von J. Nunn, 208 S., 152 Diagramme, kart. ●●

Schachstrategie
Ein Intensivkurs mit Übungen und ausführlichen Lösungen. (**0584**-9) Von A. Koblenz, dt. Bearb. von K. Colditz, 212 S., 240 Diagramme, kart. ●●

Schachtraining mit den Großmeistern
(**0670**-5) Von H. Bouwmeester, 128 S., 90 Diagramme, kart. ●●

Die besten Partien deutscher Schachgroßmeister
(**4121**-7) Von H. Pfleger, 192 S., 29 s/w-Fotos, 89 Diagramme, Pappband. ●●●

So denkt ein Schachmeister
Strategische und taktische Analysen. (**0915**-1) Von H. Pfleger, G. Treppner, 120 S., 75 Diagramme, kart. ●●

Schach als Kampf
Meine Spiele und mein Weg. (**0729**-9) Von G. Kasparow, 144 S., 95 Diagramme, 9 s/w-Fotos, kart. ●●

Kasparows Schacheröffnungen
(**1021**-4) Von O. Borik, 136 S., 16 s/w-Fotos, kartoniert. ●●

Helmut Pflegers
Schachkabinett
Amüsante Aufgaben – überraschende Lösungen. (**0877**-5) Von H. Pfleger, 160 S., 118 Diagramme, kart. ●●

Schach mit dem Computer
(**0747**-7) Von D. Frickenschmidt, 140 S., 112 Diagramme, 29 s/w-Fotos, 5 Zeichnungen, kart. ●●

FALKEN-Software
Das komplette Schachprogramm
Spielen, Trainieren, Problemlösen mit dem Computer. (**7006**-3) Von J. Egger, Diskette für C 64, C 128 PC, mit Begleitheft. ●●●●●*

Mensch und Gesundheit

Total verknallt … und keine Ahnung?
Alles über Liebe, Sex und Zärtlichkeit (**1024**-9) Von H. Bruckner, R. Rathgeber, 104 S., 38 Abbildungen, kartoniert. ●●

Sinnliche Liebe
Sex und Partnerschaft
(**4436**-4) Von Dr. A. Stanway, 160 S., 60 vierfarbige Illustrationen, Pappband. ●●●●

Streicheleinheiten für Körper und Seele
Partner Massage
(**4444**-5) Von Chr. Unseld-Baumanns, 136 S., 145 Farbfotos, Pappband. ●●●●

Der moderne Ratgeber
Wir werden Eltern
Schwangerschaft · Geburt · Erziehung des Kleinkindes. (**4269**-8) Von B. Nees-Delaval, 376 S., 335 2-farbige Abb., Pappband. ●●●●

Wenn Sie ein Kind bekommen
(**4003**-2) Von U. Klamroth, Dr. med. H. Oster, 240 S., 86 s/w-Fotos, 30 Zeichn., kart. ●●●

Wenn der Mensch zum Vater wird
Ein heiter-besinnlicher Ratgeber
(**4259**-0) Von D. Zimmer, 160 S., 20 Zeichnungen, Pappband. ●●

Vorbereitung auf die Geburt und
Schwangerschaftsgymnastik
Atmung, Rückbildungsgymnastik. (**0251**-3) Von s. Buchholz, 112, S., 98 s/w-Fotos, kart. ●

Yoga für Schwangere
Der Weg zur sanften Geburt
(**0777**-9) Von V. Bolesta-Hahn, 112 S., 76 zweifarbige Abb., kart. ●●

Die Kunst des Stillens
nach neuesten Erkenntnissen (**0701**-9) Von Prof. Dr. med. E. Schmidt, S. Brunn, 112 S., 20 Fotos und Zeichnungen, kart. ●

Das Babybuch
Pflege · Ernährung · Entwicklung
(**0531**-8) Von A. Burkert, 96 S., 76 zweifrg. Zeichn., 22 s/w-Zeichn., kart. ●●

Babyfitness
Massage, Spiele, Gymnastik und Schwimmen für Kinder im 1. Lebensjahr
(**1034**-6) Von G. Zeiß, 112 S., 179 zweifarbige Illustrationen, kartoniert. ●●

Wenn Kinder krank werden
Medizinischer Ratgeber für Eltern
(**4240**-X) Von Dr. med. I.J. Chasnoff, B. Nees-Delaval, 232 S., 163 Zeichn., Pbd.. ●●●

FALKEN-Software
Ego-Tests
Sich und andere besser erkennen und verstehen. (**7012**-8) Diskette für IBM PC kompatible (MS DOS) mit Begleitheft. ●●●●●*

Bildatlas des menschlichen Körpers
(**4177**-2) Von G. Pogliani, V. Vannini, 112 S., 402 Farbabb. 28 s/w-Fotos, Pappband. ●●●

Das moderne Hausbuch der Naturheilkunde
Neueste Erkenntnisse der Ganzheitsmedizin von Akupressur bis Zelltherapie
(**4403**-8) Von G. Leibold, 448 S., 263 Farbzeichn., 15 s/w-Fotos, Pappband. ●●●●●

Pillenpreise unverblümt
Rezeptfreie Medikamente:
Medizinische Grundlagen · Wirkungen · Risiken · Preisübersicht
(**4426**-7) Von Dr. rer.nat. K. Mayer, 248 S., franz. Broschur. ●●●

Ratgeber Aids
Entstehung, Ansteckung, Krankheitsbilder, Heilungschancen, Schutzmaßnahmen
(**0803**-1) Von B. Baartman, Vorwort von Dr. med. H. Jäger, 112 S., 8 Farbtafeln, 4 Grafiken, kart. ●●

Nahrungsmittelallergien
So ernähren Sie sich richtig!
(**0913**-5) Von Priv-Doz.Dr.med.Dr.med.habil. J. von Mayenburg, Prof. Dr. med. Dr. phil. S. Borelli, E. Polster, 136 S., kart. ●●

Diabetes
Krankheitsbild, Therapie, Kontrollen, Schwangerschaft, Sport, Urlaub, Alltagsprobleme, Neueste Erkenntnisse der Diabetesforschung. (**0895**-3) Von Dr. med. H.J. Krönke, 120 S., 4 Farbtafeln, 14 s/w-Fotos, 13 s/w-Zeichnungen, kart. ●

Rheuma und Gicht
Krankheitsbilder, Behandlung, Therapieverfahren, Selbstbehandlung. Richtige Lebensführung und Ernährung. (**0712**-4) Von Dr. J. Höder, J. Bandick, 104 S., kart. ●

Asthma
Pseudokrupp, Bronchitis und Lungenemphysem. (**0778**-7) Von Prof. Dr. med. W. Schmidt, 120 S., 56 Zeichnungen, kart. ●

Krampfadern
Ursachen, Vorbeugung, Selbstbehandlung, Therapieverfahren. (**0727**-2) Von Dr. med. K. Steffens, 112 S., 38 Abb., kart. ●

Gallenleiden
Krankheitsbilder, Behandlung, Therapieverfahren, Selbstbehandlung. Richtige Lebensführung und Ernährung. (**0673**-X) Von Dr. med. K. Steffens, 104 S., 34 Zeichnungen, kart. ●

Arteriosklerose
Risikofaktoren/Vorbeugung/Therapie
Richtige Ernährung bei erhöhtem Cholesterinspiegel
(**1020**-6) Von Prof. Dr. med. G. Assmann, Dr. troph. U. Wahrburg, 192 S., 84 farb. Abb., 4 s/w-Zeichnungen, kartoniert. ●●

Naturkosmetik
Die Grundlagen gesunder und natürlicher Hautpflege
(**1080**-X) Von N. E. Haas, 120 S., 63 Farbabb., kartoniert. ●●

Gesundheit durch altbewährte Kräuterrezepte und Hausmittel aus der
Natur-Apotheke
(**4156**-X) Von G. Leibold, 236 S., 8 Farbtafeln, 100 Zeichnungen, kart. ●●

Heiltees und Kräuter für die Gesundheit
(**4123**-3) Von G. Leibold, 136 S., 15 Farbtafeln, 16 Zeichnungen, kart. ●●

Fastenkuren
Wege zur gesunden Lebensführung. Rezepte und Tips für die Nachfastenzeit. Kurzfasten · Saftfastenkuren · Fastenschalttage · Heilfasten. (**4248**-5) Von Ha. A. Mehler, H. Keppler, 144 S., 16 s/w-Fotos, 9 Zeichn., Pbd. ●●●

Die sanfte Art des Heilens
Homöopathie
Praktische Anwendung und Arzneimittellehre
(**4418**-X) Von J. H. P. Kreuter, 216 S., 49 Zeichnungen, Pappband. ●●●

Massagetechniken und Heilanzeigen
Reflexzonentherapie
(**4404**-6) Von G. Leibold, 128 S., 53 Farbzeichnungen, Pappband. ●●●

Wetterfühligkeit
Vorbeugen und behandeln
Der Einfluß von Wetter und Klima auf Körper und Psyche
(**0998**-4) Von Dipl.-Met. H. Trenkle, fachl. Beratung Prof. Dr. V. Faust, 120 S., 8 Farbtafeln, 31 zweifarbige Abbildungen und Tabellen, kartoniert. ●●

Heilatmen
Ein Weg zu Lebenskraft und innerer Harmonie
(**1047**-8) Von K. Schutt, 112 S., 57 zweifarbige Abb., kartoniert. ●●●

Bewährte Naturheilverfahren bei
Asthma und Bronchitis
(**1083**-4) Von G. Leibold, 112 S., kartoniert. ●

Kneippkuren zu Hause
(**0779**-5) Von G. Leibold, 112 S., 25 Zeichnungen, kartoniert. ●

Entspannung und Schmerzlinderung durch
Massage
(**0750**-7) Von B. Rumpler, K. Schutt, 112 S., 116 zweifarbige Zeichnungen, kart. ●

Besser sehen durch Augentraining
Ein Gesundheitsprogramm zur Verbesserung des Sehvermögens.
(**0914**-3) Von K. Schutt, B. Rumpler, 96 S., 32 s/w-Zeichnungen, kart. ●

Bewährte Naturheilverfahren bei
Herz-Kreislauf-Erkrankungen
(**1084**-2) Von Dr. med. O. Wolff, G. Leibold, 104 S., kartoniert. ●

Krebsangst und Krebs behandeln
Mit einem Vorwort von Prof. Dr. med. Friedrich Douwes. (**0839**-2) Von G. Leibold, 104 S., kart. ●

Bewährte Naturheilverfahren bei
Krebs
(**1082**-6) Hrsg. H.-R. Heiligtag, 88 S., kartoniert. ●

Hypnose und Autosuggestion
Methoden - Heilwirkungen - praktische Beispiele. (**0483**-4) Von G. Leibold, 120 S., 9 Illustrationen, kart. ●

Bewährte Naturheilverfahren bei
Migräne und Schlafstörungen
(**1081**-8) Von G. Leibold, Dr. med. H. Chr. Scheiner, 112 S. kartoniert. ●

Gesunder Schlaf
Schlafstörungen ohne Medikamente erfolgreich behandeln
(**1036**-2) Von D. H. Alke, 88 S., 22 s/w-Abb., mit Audiokassette, kartoniert. ●●●

Akupressur zur Eigenbehandlung
(**0417**-6) Von G. Leibold, 112 S., 78 Abb., kart. ●

Enzyme
Vitalstoffe für die Gesundheit
(**0677**-2) Von G. Leibold, 96 S., kart. ●

Fußsohlenmassage
Heilanzeigen · Technik · Selbsthilfe
(**0714**-0) Von G. Leibold, 96 S., 38 Zeichnungen, kart. ●

Rheuma behandeln und lindern
Mit einem Vorwort von Dr. med. Max-Otto-Bruker. (**0836**-8) Von G. Leibold, 96 S., kart. ●

Heilfasten
Entschlacken · Regenerieren · Abnehmen
(**0713**-2) Von G. Leibold, 96 S., kart. ●

Besser leben durch Fasten
(**0841**-4) Von G. Leibold, 96 S., kart. ●

Die echte Schroth-Kur
(**0797**-3) Von Dr. med. R. Schroth, 88 S., 2 s/w-Fotos, kart. ●

Allergien behandeln und lindern
Mit einem Vorwort von Prof. Dr. med. Axel Stemmann.
(**0840**-6) Von G. Leibold, 96 S., 4 Zeichnungen, kart. ●

Entspannung
(**0834**-) Von Dr. med. Chr. Schenk, 88 S., 29 Zeichnungen, kart. ●

Erfolg und Lebensfreude durch
Autogenes Training und Psychokybernetik
(**1035**-4) Von D. H. Alke, 80 S., 2 s/w-Zeichnungen, mit Audiokassette, kartoniert. ●●●

Autogenes-Training
Anwendung · Heilwirkungen · Methoden
(**0541**-5) Von R. Faller, 112 S., 3 Zeichn., kart. ●

Chinesische Naturheilverfahren
Selbstbehandlung mit bewährten Methoden der physikalischen Therapie. Atemtherapie · Heilgymnastik · Selbstmassage · Vorbeugen · Behandeln · Entspannen.
(**4247**-7) Von F.T. Lie, 160 S., 292 zweifarbige Zeichnungen, Pappband. ●●●

Chinesisches Schattenboxen
Tai-Ji-Quan
für geistige und körperliche Harmonie
(**0850**-3) Von F. T. Lie, 120 S., 221 s/w-Fotos, 9 s/w-Zeichnungen, Beilage: 1 s/w-Poster mit zahlreichen Abbildungen, kart. ●●

Fit mit **Tai Chi**
als sanfte Körpererfahrung
(**2305**-7) Von B. und K. Moegling, 112 S., 121 Farbfotos, 6 Farbzeichnungen, kart. ●●

Yoga
Weg zur Harmonie
(**4417**-8) Von A. Harf, W. von Rohr, 176 S., 171 Farbfotos, 12 s/w-Zeichnungen, Pbd. ●●●●

Bauch, Taille und Hüfte gezielt formen durch
Aktiv-Yoga
(**0709**-4) Von K. Zebroff, 112 S., 102 Farbfotos, kart. ●●

Yoga für Jeden
(**0341**-2) Von K. Zebroff. 156 S., 135 Abb., Spiralbindung. ●●●

Yoga gegen Haltungsschäden und Rückenschmerzen
(**0394**-3) Von A. Raab, 104 S., 215 Abb., kart. ●

Chinesische Punktmassage
Akupressur
(**4419**-4) Von F.T. Lie, 192 S., 332 zweifarbige Abb., Pappband. ●●●

Shiatsu-Massage
Hormonisierung der Energieströme im Körper.
(**0615**-2) Von G. Leibold, 196 S., 180 Abb., kart. ●●●

Diät bei Darmkrankheiten
Durchfall - Divertikulose, Reizdarm und Darmträgheit - einheimische Sprue (Zöllakie) - Disaccharidasemangel - Dünndarmresektion - Dumping Syndrom. Rezeptteil von B. Zöllner. (**3211**-0) Von Prof. Dr. med. G. Strohmeyer, 88 S., 4 Farbtafeln, kart. ●●

Ballaststoffreiche Kost bei Funktionsstörungen des Darms
Rezeptteil von B. Zöllner.
(**3212**-9) Von Prof. Dr. med. H. Kasper, 96 S., 34 Farbfotos, 1 s/w-Foto, kart. ●●

Diät bei Krankheiten des Magens und Zwölffingerdarms
Rezeptteil von B. Zöllner, (**3201**-3) Von Prof. Dr. med. H. Kaess, 96 S., 35 Farbfotos, 1 s/w-Zeichnung, kart. ●●

Diät bei Krankheiten der Gallenblase, Leber und Bauchspeicheldrüse
Rezeptteil von B. Zöllner.
(**3207**-2) Von Prof. Dr. med. H. Kasper, 88 S., 35 Farbfotos, 1 s/w-Zeichnung, kart. ●●

Diät bei Übergewicht
Rezeptteil von B. Zöllner.
(**3209**-9) Von Prof. Dr. med. Ch. Keller, 104 S., 42 Farbfotos, 3 s/w-Zeichnungen, kart. ●●

Diät bei Gicht und Harnsäuresteinen
Rezeptteil von B. Zöllner.
(**3205**-6) Von Prof. Dr. med. N. Zöllner, ca. 100 S., ca. 40 Farbtafeln, kart. ●●

Diät bei Herzkrankheiten und Bluthochdruck
Rezeptteil von B. Zöllner. (**3202**-1) Von Prof. Dr. med. H. Rottka, 92 S., 4 Farbtafeln, kart. ●●

Richtige Ernährung wenn man älter wird
Rezeptteil von B. Zöllner. (**3204**-8) Von Prof. Dr. med. H.-J. Pusch. 96 S., 36 Farbfotos und 3 s/w-Zeichnungen, kart. ●●

Diät bei Erkrankungen der Nieren, Harnwege und bei Dialysebehandlung
Rezeptteil von B. Zöllner. (**3203**-X) Von Prof. Dr. med. Dr. h. c. H. J. Sarre und Prof Dr. med. R. Kluthe, 96 S., 33 Farbfotos, 1 s/w-Zeichnung, kart. ●●

Diät bei Zuckerkrankheit
Rezeptteil von B. Zöllner. (**3206**-4) Von Prof. Dr. med. P. Dieterle, 112 S., 42 Farbfotos, 4 vierfarbige Vignetten, 1 s/w-Zeichnung, kart. ●●

Die aktuelle Colesterin-Tabelle
(**1088**-5) Hersg. von Dr. H. Oberritter, 84 S., 1 zweifarbige Grafiken, kartoniert. ●

Kochen für Diabetiker
Gesund und schmackhaft für die ganze Familie. (**4132**-2) Von M. Toeller, W. Schumacher, A. C. Groote, 224 S., 109 Farbfotos, 94 Zeichnungen, Pappband. ●●●

Neue Rezepte für **Diabetiker-Diät**
Vollwertig - abwechslungsreich - kalorienarm. (**0418**-4) Von M. Oehlrich, 96 S., 8 Farbtafeln, kart. ●

Diät bei Störungen des Fettstoffwechsels und zur Vorbeugung der Arteriosklerose
Rezeptteil von B. Zöllner. (**3208**-0) Von Prof. Dr. med. G. Wolfram. ca. 100 S., ca. 40 Farbfotos, kartoniert. ●●

Garten und Tiere

Garten heute
Der moderne Ratgeber · Über 1000 Farbbilder. (**4283**-3) Von H. Jantra, 384 S., über 1000 Farbabb., Pappband. ●●●●

Blütenpracht in Haus und Garten
Der große praktische Ratgeber mit über 1000 farbigen Abb.
(**4145**-4) Von M. Haberer, u.a. 352 S., 1012 Farbfotos, Pbd. ●●●●

1000 ganz bewährte Garten-Tips
(**4453**-4) Von H. Jantra, 320 S., 288 zweifarbige und 62 s/w-Zeichnungen, Pappband. ●●●

Blütenpracht aus winterharten Blumenzwiebeln
(**0772**-8) Von H. Lass, 112 S., 120 Farbfotos und Zeichungen, kart. ●●

Erfolgstips für den Obstgarten
Gesunde Früchte durch richtige Sortenwahl und Pflege.
(**0827**-9) Von F. Mühl, 184 S., 16 Farbtafeln, 33 Zeichnungen, kart. ●●

Erfolgstips für den Gemüsegarten
Mit naturgemäßem Anbau zu höherem Ertrag. (**0674**-8) Von F. Mühl, 80 S., 30 s/w-Fotos, 4 Zeichnungen, kart. ●

Mischkultur im Nutzgarten
Mit Jahreskalender und Anbauplänen
(**0651**-9) Von H. Oppel, 112 S., 8 Farbtafeln, 23 s/w-Fotos, 29 Zeichnungen, kart. ●

Der richtige Schnitt von Obst- und Ziergehölzen, Rosen und Hecken
(**0619**-5) Von E. Zettl, 88 S., 8 Farbtafeln, 39 Zeichnungen, 21 s/w-Fotos, kart. ●

Gesunde Zierpflanzen im Garten
Krankheiten erkennen und behandeln
Mit neuem Diagnose-System
(**4429**-1) Von Prof. Dr. G. Stelzer, 208 S., 456 Farbfotos, 5 s/w- und 5 Farbzeichnungen, Pappband. ●●●●

Erfolgstips für den Ziergarten
Schmuckpflanzen und Rasen richtig pflegen
(**0930**-5) Von F. Mühl, 156 S., 12 Farbtafeln, 26 s/w-Zeichnungen, kart. ●●

Erfolgreich gärtnern mit
Frühbeet und Folie
(**0828**-7) Von Dr. Gustav Schoser, 88 S., 8 Farbtafeln, 46 s/w-Fotos, kart. ●

Das Bio-Gartenjahr
Arbeitsplan für naturgemäßes Gärtnern
(**4169**-1) Von N. Jorek, 128 S., 8 Farbtafeln, 70 s/w-Abb., kart. ●●

Erfolgreich gärtnern
durch naturgemäßen Anbau
(**4252**-3) Von I. Gabriel, 416 S., 176 Farbfotos, 212 Farbzeichnungen, Pappband. ●●●

Leben im Naturgarten
Der Biogärtner und seine gesunde Umwelt
(**4124**-1) Von N. Jorek, 128 S., 68 s/w-Fotos, kart. ●●

Aktion Garten ohne Gift
Gesunde Umwelt durch natürlichen Pflanzenschutz
Ein Praxis-Handbuch von E. Hoplitschek u. B.M. Tegethoff. (**4425**-9) 176 S., 250 Farbfotos, 36 Farb- und 29 s/w-Zeichn., Pbd. ●●●●

So wird mein Garten zum Biogarten
Alles über die Umstellung auf naturgemäßen Anbau.
(**0706**-X) Von I. Gabriel, 128 S., 73 Farbfotos, 54 Farbzeichnungen, kart. ●●

Neuanlage eines Biogartens
Planung, Bodenvorbereitung, Gestaltung
(**0721**-3) Von I. Gabriel, 128 S., 73 Farbfotos, 39 Zeichnungen, kart. ●●

Gesunde Pflanzen im Biogarten
Biologische Maßnahmen bei Schädlingsbefall und Pflanzenkrankheiten.
(**0707**-8) Von I. Gabriel, 128 S., 126 Farbfotos, kart. ●●

Obst und Beeren im Biogarten
Gesunde und schmackhafte Früchte durch natürlichen Anbau. (**0780**-9) Von I. Gabriel, 128 S., 109 Farbabb., kart. ●●

Gemüse im Biogarten
Gesunde Ernte durch natürlichen Anbau
(**0830**-9) Von I. Gabriel, 128 S., 26 Farbfotos, 86 Farbzeichnungen, kart. ●●

Kräuter und Heilpflanzen im Biogarten
Gesunde Ernte durch natürlichen Anbau
(**0929**-1) Von I. Gabriel, 112 S., 63 Farbfotos, 19 Farbzeichnungen, kart. ●●

Der biologische Zier- und Wohngarten
Planen, Vorbereiten, Bepflanzen und Pflegen
(**0748**-5) Von I. Gabriel, 128 S., 72 Farbfotos, 46 Farbzeichnungen, kart. ●●

Kosmische Einflüsse auf unsere Gartenpflanzen
Sterne beeinflussen Wachstum und Gesundheit der Pflanzen. (**0708**-6) Von I. Gabriel, 112 S., 100 Farbabb., kart. ●●

Natürlich gärtnern unter Glas und Folie
Anbauen und ernten rund ums Jahr.
(**0722**-1) Von I. Gabriel, 128 S., 107 Farbabb., kart. ●●

Speisepilze aus eigener Zucht
Anbau · Pflege · Zubereitung
(**0909**-7) Von U. Groos, 72 S., 8 Farbtafeln, 16 s/w-Zeichnungen, kart. ●

Dekorative **Kübelpflanzen**
Auswahl und Pflege
(**1074**-5) Von H. Jantra, 112 S., ca. 180 Farbfotos, 35 Farbzeichnungen, kartoniert. ●●

Blütenpracht auf Balkon und Terrasse
(**0928**-3) Von M. Haberer, 88 S., 139 Farbfotos, kart. ●●

Gemüse, Kräuter, Obst aus dem Balkongarten
- Erfolgreich ernten auf kleinstem Raum
(**0694**-2) Von S. Stein, 32 S., 34 Farbfotos, 6 Zeichnungen, Spiralbindung, kart. ●

Grabgestaltung
Bepflanzung und Pflege zu jeder Jahreszeit
(**5120**-4) Von N. Uhl, 64 S., 77 Farbfotos, 2 Zeichnungen, Pappband. ●●

Kleingärten
Planen · Anlegen · Pflegen
(**1015**-X) Von H. Jantra, 88 S., 123 Farbfotos, 1 s/w-Foto, 14 Farbzeichnungen, kart. ●●

Reihenhausgärten
Planen · Anlegen · Pflegen
(**1016**-8) Von H. Jantra, 104 S., 134 Farbfotos, 45 Farbzeichnungen, kart. ●●

Steingärten Wirkungsvoll gestalten und sachgerecht pflegen
(**4452**-6) Von A. Throll-Keller, 128 S., 203 Farbfotos, 56 Farbzeichnungen, Pappband. ●●●●

Gartenteiche, Tümpel und Weiher
naturnah anlegen und pflegen
(**1073**-7) Von Dr. F. Liedl, H. Goos, 80 S., ca. 60 Farbfotos, ca. 40 Farbzeichnungen, kartoniert. ●●

Wasser im Garten
Von der Vogeltränke zum Naturteich - Natürliche Lebensräume selbst gestalten.
(**4230**-2) Von H. Hendel, P. Keßeler, 240 S., 315 Farbabb., 11 s/w-Fotos, Pappband. ●●●●●

Mein kleiner Gartenteich
planen – anlegen – pflegen
(**0851**-1) Von I. Polascheck, 144 S., 108 Farbabb., 6 s/w-Zeichnungen, kart. ●●

Häuser in lebendigem Grün
Fassaden und Dächer mit Pflanzen gestalten
(**0846**-5) Von U. Mehl, K. Werk, 88 S., 116 Farbfotos, 4 Farb-und 17 s/w-Zeichn., kart. ●●

Wintergärten
Das Erlebnis, mit der Natur zu wohnen
Planen, Bauen und Gestalten.
(**4256**-6) Von LOG ID, 136 S., 130 Farbfotos, 107 Zeichnungen, Pappband. ●●●●

Rund ums Jahr erfolgreich gärtnern
Gewächshäuser
planen · bauen · einrichten · nutzen
(**4408**-9) Von Dr. G. Schoser, J. Wolff, 232 S., 368 Farbabb., 5 s/w-Fotos, Pappband. ●●●●●

Ziergräser
Über 100 Arten erfolgreich kultivieren
(**0829**-5) Von H. Jantra, 104 S., 73 Farbfotos, 6 Farbzeichnungen, kart. ●●

Das moderne Handbuch **Zimmerpflanzen**
(**4416**-X) Von H. Jantra, 304 S., 766 Farbfotos, 64 Farb-und 19 s/w-Zeichn., Pappband. ●●●●

365 Erfolgstips für schöne Zimmerpflanzen
(**0893**-7) Von H. Jantra, 144 S., 215 Farbfotos, kart. ●●

Prof. Stelzers grüne Sprechstunde
Gesunde Zimmerpflanzen
Krankheiten erkennen und behandeln · Mit neuem Diagnosesystem.
(**4274**-4) Von Prof. Dr. G. Stelzer, 192 S., 410 Farbfotos, 10 s/w-Zeichnungen, Pappband. ●●●●

Hydrokultur
Pflanzen ohne Erde - mühelos gepflegt
(**0944**-5) Von H.-A. Rotter, 144 S., 167 Farbfotos, 13 Farbzeichnungen, kart. ●●

Zimmerpflanzen in Hydrokultur
Leitfaden für problemlose Blumenpflege.
(**0660**-8) Von H.-A. Rotter, 32 S., 76 Farbfotos, 8 farbige Zeichn., Pappband. ●

Zimmerbäume, Palmen und andere Blattpflanzen
Standort, Pflege, Vermehrung, Schädlinge
(**5111**-5) Von G. Schoser, 96 S., 98 Farbfotos, 7 Zeichnungen, Pappband. ●●

Bonsai Japanische Miniaturbäume und Miniaturlandschaften. Anzucht, Gestaltung und Pflege.
(**4091**-1) Von B. Lesniewicz, 160 S., 106 Farbfotos, 46 s/w-Fotos, 115 Zeichnungen, gebunden. ●●●●●

Keime, Sprossen, Küchenkräuter
am Fenster ziehen - rund ums Jahr
(**0658**-6) Von F. und H. Jantzen, 32 S., 55 Farbfotos, Pappband. ●

Falken-Handbuch **Orchideen**
Lebensraum, Kultur, Anzucht und Pflege.
(**4231**-0) Von G. Schoser, 144 S., 121 Farbfotos, 28 Farbzeichnungen, Pappband. ●●●

Fibel für Kakteenfreunde
(**0199**-1) Von H. Herold, 102 S., 23 Farbfotos, 37 s/w-Abb., kart. ●

Kakteen und andere Sukkulenten
300 Arten mit über 500 Farbfotos.
(**4116**-0) Von G. Andersohn, 316 S., 520 Farbfotos, 193 Zeichnungen, Pappband. ●●●●

Grzimek Juniors **BUNTE TIERWELT**
(**4295**-7) Von Chr. Grzimek, 208 S., 308 Farbfotos, Pappband. ●●●

Falken-Handbuch **Hunde**
(**4118**-7) Von H. Bielfeld, 176 S., 222 Farb- und 73 s/w-Abb., Pappband. ●●●●

Das neue Hundebuch
Rassen · Aufzucht · Pflege
(**0009**-X) Von W. Busack, überarbeitet von Dr. med. vet. A. H. Hacker und H. Bielfeld, 112 S., 8 Farbt., 27 s/w-Fotos, 6 Zeichn., kart. ●

Hundeausbildung
Verhalten - Gehorsam - Ausbildung
(**0346**-3) Von Prof. Dr. R. Menzel, 88 S., 19 Fotos, kart. ●

Grundausbildung für Gebrauchshunde
Schäferhund, Boxer, Rottweiler, Dobermann, Riesenschnauzer, Airedaleterrier, Hovawart und Bouvier.
(**0801**-5) Von M. Schmidt und W. Koch, 104 S., 8 Farbtafeln, 51 s/w-Fotos, 5 s/w-Zeichnungen, kart. ●

Der Hund in der Familie
(**1014**-1) Von J. Werner, 128 S., 106 Farbfotos, kartoniert. ●●

Der Deutsche Schäferhund
Aufzucht, Pflege und Ausbildung.
(**0073**-1) Von A. Hacker, 104 S., 56 Abb., kart. ●

Alles über junge Hunde
(**0863**-5) Von Dr. med. vet. E.M. Bartenschlager, 64 S., 49 Farbfotos, 6 Zeichnungen, kart. ●

Richtige Hundeernährung
(**0811**-2) Von Dr. med. vet. E.M. Bartenschlager, 80 S., 51 Farbfotos, 4 Farbzeichn., kart. ●

Hundekrankheiten
(**1077**-X) Von Dr. med. vet. R. Spangenberg, 96 S., 44 Farb- und 1 s/w-Foto, 22 Farbzeichnungen, kartoniert. ●●

Falken-Handbuch **Katzen**
(**4158**-6) Von B. Gerber, 176 S., 294 Farb- und 88 s/w-Fotos, Pappband. ●●●●

Das neue Katzenbuch
Rassen · Aufzucht · Pflege.
(**0427**-3) Von B. Eilert-Overbeck, 120 S., 14 Farbfotos, 26 s/w-Fotos, kart. ●

Junge Katzen
(**0862**-7) Von Dr. med. vet. E.M. Bartenschlager, 72 S., 40 Farbf., 4 Farbzeichn., kart. ●

Falken-Handbuch **Pferde**
(**4186**-1) Von H. Werner, 176 S., 196 Farb- und 50 s/w-Fotos, 100 Zeichn., Pappband. ●●●●

Reiten im Bild
(**0415**-X) Von H. Werner, 128 S., 142 Farbfotos, 107 Farbzeichng., kartoniert. ●●

Der Hobby-Imker
(**0978**-X) Von Dr. R.F.A. Moritz, 144 S., 106 zweifarbige Zeichnungen, kart. ●●

Geflügelhaltung als Hobby
(**0749**-3) Von M. Baumeister, H. Meyer, 184 S., 8 Farbtafeln, 47 s/w-Fotos, 15 zweif. Zeichnungen, kart. ●●

Sittiche und kleine Papageien
(**0864**-3) Von Dr. med. vet. E.M. Bartenschlager, 88 S., 84 Farbfotos, 9 Zeichnungen, kart. ●

Alles über **Kanarienvögel**
(**0901**-1) Von H. Schnoor, 64 S., 58 Farbfotos und Zeichnungen, kartoniert. ●

Die Tiersprechstunde
Artgerechte Vogelfütterung im Winter
(**0908**-9) Von Dr. W. Keil, 64 S., 51 Farbfotos und Zeichnungen, kartoniert. ●

Papageien und Sittiche
Arten · Pflege · Sprechunterricht
(**0591**-1) Von H. Bielfeld, 112 S., 8 Farbtafeln, kart. ●

Süßwasser-Aquarium
(**4191**-8) Von H. J. Mayland, 288 S., 564 Farbfotos, 75 Zeichnungen, Pappband. ●●●●

Das Süßwasser-Aquarium
Einrichtung · Pflege · Fische · Pflanzen
(**0153**-3) Von H. J. Mayland, 152 S., 16 Farbtafeln, 43 s/w-Zeichnungen, kart. ●●

Die Tiersprechstunde
Gesunde Fische im Süßwasseraquarium
(**1013**-3) Von H. J. Mayland, 96 S., 73 Farbfotos, 10 Zeichng., kartoniert. ●

Tiere im Wassergarten
(**0808**-2) Von Dr. med. vet. E.M. Bartenschlager, 96 S., 84 Farbf., 7 Zeichn., kart. ●

Die Tiersprechstunde
Alles über Zwerg- und Goldhamster
(**1012**-5) Von M. Mettler, 96 S., 96 Farbfotos, kartoniert. ●

Alles über Meerschweinchen
(**0809**-0) Von Dr. med. vet. E.M. Bartenschlager, 72 S., 43 Farbf., 11 Farbzeichn., kart. ●

Alle über Igel in Natur und Haus
(**0810**-4) Von Dr. med. vet. E.M. Bartenschlager, 68 S., 51 Farbfotos, kart. ●

Falken-Handbuch **Umweltschutz**
Das Öko-Testbuch zur Eigeninitiative.
(**4160**-8) Von M. Häfner, 352 S., 411 Farbf., 152 Farbzeichnungen, Pappband. ●●●●

Rat und Wissen

Traumreisen
Unterwegs auf den schönsten Straßen der Welt
(**4468**-2) Von T. Pehle, 192 S., 312 Farbfotos, 12 Übersichtskarten, Pappband. ●●●●

Vom Morgenland ins Reich der Abendgöttin
Lebensbilder aus dem Nahen und Fernen Osten
(**4449**-6) Von J. Schneider, H. Schoen, 160 S., 266 Farbfotos, 1 farbige Karte, Pappband. ●●●●

Keinen Mann um jeden Preis
Das neue Selbstverständnis der Frau in der Partnerbeziehung
(**4440**-2) Von Shere Hite, Kate Colleran, 208 S., Pappband. ●●●

Haushaltstips praktisch und umweltfreundlich
(**1046**-X) Von K. Winkell, 96 S., 36 Zeichnungen, kartoniert. ●

Umgangsformen heute
Die Empfehlungen des Fachausschusses für Umgangsformen (**4015**-6) 252 S., 108 s/w-Fotos, 17 Zeichnungen, Pappband. ●●●

Benehmen bei Tisch
(**0988**-7) Von I. Cording, 80 S., 90 Farbfotos, 5 s/w-Zeichnungen, kart. ●●

Der gute Ton
in Gesellschaft und Beruf
(**0063**-4) Von I. Wolter, 80 S., 42 s/w-Fotos, 7 Zeichnungen, kartoniert. ●

Familienforschung · Ahnentafel · Wappenkunde
Wege zur eigenen Familienchronik
(**0744**-2) Von P. Bahn, 128 S., 8 Farbtafeln, 30 Abbildungen, kart. ●●

Wie soll es heißen?
(**0211**-4) Von D. Köhr, 136 S., kart. ●

Die Silberhochzeit
Vorbereitung · Einladung · Geschenkvorschläge · Dekoration · Festablauf · Menüs · Reden · Glückwünsche. (**0542**-3) Von K.F. Merkle, 112 S., 41 Zeichnungen, kart. ●

Wir feiern Hochzeit
Phantasievolle und moderne Festgestaltung (**0943**-7) Von H.J. Winkler, 112 S., kart. ●

Wir heiraten
Ratgeber zur Vorbereitung und Festgestaltung der Verlobung und Hochzeit. (**4188**-8) Von C. Poensgen, 216 S., 8 s/w-Fotos, 30 s/w-Zeichn., 8 Farbt., Pappband. ●●●

Von der Verlobung zur Goldenen Hochzeit
(**0393**-5) Von E. Ruge, 112 S., kart. ●

Hochzeits- und Bierzeitungen
Muster, Tips und Anregungen. (**0288**-2) Von H.-J. Winkler, mit vielen Text- und Gestaltungsanregungen, 116 S., 15 Abb., 1 Musterzeitung, kart. ●

Moderne Korrespondenz
Handbuch für erfolgreiche Briefe
(**4014**-8) Von H. Kirst und W. Manekeller, 544 S., Pappband. ●●●●

Der richtige Brief
zu jedem Anlaß
Das moderne Handbuch mit 400 Musterbriefen
(**4179**-9) Von H. Kirst, 376 S., Pappband. ●●●

Musterbriefe
für alle Gelegenheiten. (**0231**-9) Hrsg. von O. Fuhrmann, 240 S., kart. ●●

Privatbriefe
Muster für alle Gelegenheiten. (**0114**-2) Von I. Wolter-Rosendorf, 112 S., kart. ●

Der neue Briefsteller
Musterbriefe für alle Gelegenheiten.
(**0060**-X) Von I. Wolter-Rosendorf, 96 S., kart. ●

Erfolgstips für den Schriftverkehr
Briefgestaltung · Rechtschreibung · Zeichensetzung · Stil. (**0678**-0) Von U. Schoenwald, 112 S., kart. ●

Geschäftliche Briefe
des Privatmanns, Handwerkers, Kaufmanns (**0041**-3) Von A. Römer, 124 S., kart. ●

Behördenkorrespondenz
Musterbriefe · Anträge · Einsprüche
(**0412**-5) Von E. Ruge, 112 S., kart. ●

FALKEN-Software
TEXAD
Das komfortable Korrespondenzprogramm für den privaten und geschäftlichen Bereich (**7017**-9) 2 Disketten für IBM-PC + Kompatible, 5 1/4'', mit Begleitheft, Einführungspreis: **DM 198,–***, S 1980,–*, SFr 193,30 bis 11.10.1990, danach **DM 258,–***, S 2580,–*, SFr 251,70.
(**7048**-9) Diskette 3 1/2'', mit Handbuch. ●●●●●*
(**7049**-7) Demo-Version 5 1/4'', o. Handbuch. ●●*
(**7050**-0) Demo-Version 3 1/2'', o. Handbuch. ●●*

Worte und Briefe der Anteilnahme
(**0464**-8) Von E. Ruge, 96 S., mit vielen Abb., kart. ●

Briefe zu Geburt und Taufe
Glückwünsche und Danksagungen. (**0802**-3) Von H. Beitz, 96 S., 12 Zeichnungen, kart. ●

Briefe zum Geburtstag
Glückwünsche und Danksagungen. (**0822**-8) Von H. Beitz, 104 S., 22 Zeichnungen, kart. ●

Briefe der Liebe
Anregungen für gefühlvolle und zärtliche Worte. (**0903**-8) Hrsg. von H. Beitz, 96 S., 4 Zeichnungen, kart. ●

Briefe zur Hochzeit
Glückwünsche und Danksagungen
(**0852**-X) Von R. Röngen, 96 S., 1 Zeichnung, 39 Vignetten, kart. ●

Reden und Ansprachen
für jeden Anlaß. (**4009**-1) Hrsg. von F. Sicker, 454 S., gebunden. ●●●●

Die Kunst der freien Rede
Ein Intensivkurs mit vielen Übungen, Beispielen und Lösungen.
(**4189**-6) Von G. Hirsch, 232 S., 11 Zeichnungen, Pappband. ●●●

Die überzeugende Rede
Mehr Erfolg durch bessere Rhetorik
(**0076**-6) Von K. Wolter, G. Kunz, 96 S., kart. ●

Festreden und Vereinsreden
Muster für alle Gelegenheiten
(**0069**-3) Von K. Lehnhoff, E. Ruge, 96 S., kart. ●

Trinksprüche, Gästebuchverse, Richtsprüche
(**0224**-6) Von D. Kellermann, 96 S., kart. ●

Trinksprüche
Fest- und Damenreden in Reimen
(**0791**-4) Von L. Metzner, 96 S., 14 s/w-Zeichnungen, kart. ●

Glückwünsche, Toasts und Festreden zur Hochzeit
(**0264**-5) Von I. Wolter, 112 S., 18 Zeichnungen, kart. ●

Reden zur Taufe, Kommunion und Konfirmation
(**0751**-5) Von G. Georg, 96 S., kart. ●

Reden zur Hochzeit
Musteransprachen für Hochzeitstage
(**0654**-3) Von G. Georg, 112 S., kart. ●

Reden zu Familienfesten
Musteransprachen für viele Gelegenheiten (**0675**-6) Von G. Georg, 112 S., kart. ●

Reden zum Geburtstag
Musteransprachen für familiäre und offizielle Anlässe. (**0773**-6) Von G. Georg, 96 S., kart. ●

Reden im Verein
Musteransprachen für viele Gelegenheiten (**0703**-5) Von G. Georg, 112 S., kart. ●

Reden zum Jubiläum
Musteransprachen für viele Gelegenheiten (**0595**-4) Von G. Georg, 112 S., kart. ●

Reden und Sprüche zu Grundsteinlegung, Richtfest und Einzug
(**0598**-0) Von A. Bruder, G. Georg, 96 S., kart. ●

Reden zum Ruhestand
Musteransprachen zum Abschluß des Berufslebens (**0790**-6) Von G. Georg, 104 S., kart. ●

Neue Glückwunschfibel
für groß und klein. (**0156**-8) Von R. Christian-Hildebrandt, 96 S., 13 Vignetten, kart. ●

Großes Buch der Glückwünsche
(**0255**-6) Hrsg. von O. Fuhrmann, 176 S., 77 Zeichnungen und viele Gestaltungsvorschläge, kart. ●●

Herzliche Glückwünsche!
Die schönsten Gedichte und Texte für viele Gelegenheiten. (**0942**-9) Hrsg. Von B.H. Bull, 256 S., 50 Zeichnungen, Pappband. ●●

Der Verseschmied
Kleiner Leitfaden für Hobbydichter. Mit Reimlexikon. (**0597**-0) Von T. Parisius, 96 S., 28 Zeichnungen, kart. ●

Verse fürs Poesiealbum
(**0241**-6) Von I. Wolter, 96 S., 20 Abb., kart. ●

Rosen, Tulpen, Nelken…
Beliebte Verse fürs Poesiealbum
(**0431**-1) Von W. Pröve, 96 S., 11 Faksimile-Abb., kart. ●

Kindergedichte zur grünen, silbernen und goldenen Hochzeit
(**0318**-8) Von H.-J. Winkler, 104 S., 20 Abb., kart. ●

Glückwunschverse für Kinder
(**0277**-7) Von B. Ulrici, 80 S., kart. ●

Kindergedichte für Familienfeste
(**0860**-0) Von B.H. Bull, 96 S., 20 Zeichnungen, kart. ●

Kindergedichte rund ums Jahr
(**1040**-0) Von A. Schweiggert, 80 S., 49 Zeichnungen, 6 Vignetten, kartoniert. ●

Ins Gästebuch geschrieben
(**0576**-8) Von K.H. Trabeck, 96 S., 24 Zeichnungen, kart. ●

Die schönsten Wander- und Fahrtenlieder
(**0462**-1) Hrsg. Von F.R. Miller, empfohlen vom Deutschen Sängerbund, 80 S., mit Noten und Zeichnungen, kart. ●

Die schönsten Volkslieder
(**0432**-X) Hrsg. Von D. Walther, 128 S., mit Noten und Zeichnungen, kart. ●

Erziehungsgeld, Mutterschutz, Erziehungsurlaub
Das neue Recht für Eltern
(**0835**-X) Von J. Grönert, 144 S., kart. ●

Liebe ja – Ehe nein
Die nichteheliche Lebensgemeinschaft (**1071**-0) Von T. Drewes, 104 S., 8 s/w-Zeichnungen, kartoniert. ●

Scheidung und Unterhalt
nach dem neuen Eherecht. (**0403**-6) Von T. Drewes, 112 S., mit Kosten und Unterhaltstabellen, kart. ●

Was heißt hier minderjährig?
(**0765**-5) Von R. Rathgeber, C. Rummel, 148 S., 50 Fotos, 25 Zeichnungen, kart. ●●

Testament und Erbschaft
Erbfolge, Rechte und Pflichten der Erben, Erbschafts-und Schenkungssteuer, Mustertestamente. (**4139**-X) Von T. Drewes, R. Hollender, 304 S., Pappband. ●●●

Erbrecht und Testament
Mit Erläuterungen des Erbschaftssteuergesetzes von 1974. (**0046**-4) Von Dr. jur. H. Wandrey, 124 S., kart. ●

Der letzte Wille
Ratgeber für Erblasser, Erben und Hinterbliebene in Rechts-, Versorgungs- und Steuerfragen
(**0939**-9) Von T. Drewes, 136 S., 9 s/w-Zeichnungen, kart. ●●

Mietrecht
Leitfaden für Mieter und Vermieter
(**0479**-6) Von J. Beuthner, 196 S., kart. ●●

Präzise Ratschläge für **Ihre optimale Rente**
Vorbereitung · Berechnungsgrundlagen · Gesetzesänderungen · Individuelle Rechenbeispiele. (**0806**-6) Von K. Möcks, 96 S., 24 Formulare, 1 Graphik, kart. ●

Das große farbige Kinderlexikon
(**4195**-0) Von U. Kopp, 320 S., 493 Farbabb. 17 s/w-Fotos, Pappband. ●●●

Gitarre spielen
Ein Grundkurs für den Selbstunterricht
(**0534**-2) Von A. Roßmann, 96 S., 1 Schallfolie, 150 Zeichnungen, kart. ●●●

So lernt man leicht und schnell
Maschinenschreiben
Lehrbuch für Schulen, Lehrgänge und Selbstunterricht. (**0568**-7) Von M. Kempkes, 112 S., 48 Zeichnungen, kart. ●●

FALKEN-Software
Maschinenschreiben
In 10 Tagen spielend gelernt. Von Unterichtsmedien Hoppius. (**7008**-X) Diskette für den C 64 und C 128 PC ●●●●*

FALKEN-Software
Maschinenschreiben und Tastaturtraining für Computer
(**7009**-8) Von B. Hoppius, Diskette 5 1/4'' u. 3 1/2'' für IBM PC + Kompatible, mit Begleitheft. ●●●●●*

Maschinenschreiben im Selbstunterricht
(**0170**-3) Von A. Fonfara, 88 S., kart. ●

Buchführung leicht gemacht
Ein methodischer Grundkurs für den Selbstunterricht. (**4238**-8) Von D. Machenheimer, R. Kersten, 252 S., Pappband. ●●●

Buchführung leicht gefaßt
Für Handwerker, Gewerbetreibende und freiberuflich Tätige. (**0127**-4) Von R. Pohl. 104 S., kart. ●

Stenografie leicht gelernt
im Kursus oder Selbstunterricht
(**0266**-1) Von H. Kaus, 64 S., kart. ●

Erfolgreiche Bewerbung um einen Ausbildungsplatz
(**0715**-9) Von H. Friedrich, 128 S., kart. ●

Bewerbungsstrategien
Erfolgreiche Konzepte für Karrierebewußte (**1027**-3) Von Dr. W. Reichel, 128 S., kartoniert. ●●

Die Bewerbung
Der moderne Ratgeber für Bewerbungsbriefe, Lebenslauf und Vorstellungsgespräche. (**4138**-1) Von W. Manekeller, 264 S., Pappband. ●●

Lebenslauf und Bewerbung
Beispiele für Inhalt, Form und Aufbau
(**0428**-1) Von H. Friedrich, 112 S., kart. ●

Die erfolgreiche Bewerbung
Bewerbung und Vorstellung. (**0173**-8) Von W. Manekeller, U. Schoenwald, 144 S., kart. ●●

Erfolgreiche Bewerbungsbriefe und Bewerbungsformen
(**0138**-X) Von W. Manekeller, U. Schoenwald, 88 S., kart. ●

Die Handschrift als Spiegel des Charakters
Graphologie
(**1025**-7) Von Dr. W. Busch, 104 S., 87 Schriftproben, kartoniert. ●

Vorstellungsgespräche
sicher und erfolgreich führen. (**0636**-5) Von H. Friedrich, 144 S., kart. ●

Keine Angst vor Einstellungstests
Ein Ratgeber für Bewerber. (**0793**-6) Von Ch. Titze. 120 S., 67 Zeichnungen, kart. ●

FALKEN-Software
Einstellungstests
(**7013**-6) Von B. Hoppius, Wendediskette für C 64/C 128 PC, mit Begleitheft, ●●●●*

Die ersten Tage am neuen Arbeitsplatz
Ratschläge für den richtigen Umgang mit Kollegen und Vorgesetzten
(**0855**-4) Von H. Friedrich, 104 S., kart. ●

Zeugnisse im Beruf
richtig schreiben, richtig verstehen
(**0544**-X) Von H. Friedrich, 112 S., kart. ●

So werde ich erfolgreich
Ratschläge und Tips für Beruf und Privatleben. (**0918**-6) Von H. Hans, 104 S., kart. ●●

Wege zum Börsenerfolg
Aktien · Anleihen · Optionen
(**4275**-2) Von H. Krause, 252 S., 4 s/w-Fotos, 86 Zeichnungen, Pappband. ●●●

FALKEN-Software
Börsenfieber
Spielend spekulieren mit Geld und Aktien
(**7016**-0) IBM PC und Kompatible, Diskette 5 1/4'', mit Begleitheft, ●●●●●*

Konvertierungen:
(**7026**-8) für C 64/C 128 PC, mit Begleitheft
(**7027**-6) für Atari ST 520/1040, mit Begleitheft
(**7028**-4) für Amiga, mit Begleitheft
(**7044**-6) für IBM PC + Kompatible, Diskette 3 1/2'', mit Begleitheft

Schülerlexikon der Mathematik
Formeln, Übungen und Begriffserklärungen für die Klassen 5–10. (**0430**-3) Von R. Müller, 176 S., 96 Zeichnungen, kart. ●

Mathematik verständlich
Zahlenbereiche Mengenlehre, Algebra, Geometrie, Wahrscheinlichkeitsrechnung, Kaufmännisches Rechnen. (**4135**-7) Von R. Müller, 652 S., 10 s/w- und 109 Farbfotos, 802 Farbabb. und 79 s/w-Zeichnungen, über 2500 Beispiele und Übungen mit Lösungen, Pappband. ●●●●●

Mehr Erfolg in der Schule **Mathematik 1**
Arithmetik und Algebra
Übungen, Beispiele und Lösungen für die Klasse 5 bis 10
(**4420**-8) Von R. Müller-Fonfara, 256 S., 193 Zeichn., 2 s/w-Fotos, Pappband. ●●●

Mathematik 2
Geometrie, Statistik, Wahrscheinlichkeitsrechnung und kaufmännisches Rechen
(**4456**-9) Von R. Müller-Fonfara, W. Scholl, 256 S., 6 s/w-Fotos, 304 Zeichnungen, Pappband. ●●●

Mathematische Formeln für Schule und Beruf
Mit Beispielen und Erklärungen. (**0499**-0) Von R. Müller-Fonfara, 156 S., 210 Zeichnungen, kart. ●

Rechnen aufgefrischt für Schule und Beruf. (**0100**-2) Von H. Rausch, 144 S., kart. ●

FALKEN-Software
Wirtschaftsrechnen in Beruf und Alltag
(**7037**-3) Diskette für IBM-PC und Kompatible, mit Begleitheft. ●●●●●*

Physik verständlich
Förderkurs für die Klassen 7 bis 10
(**0926**-7) Von Dr. Th. Neubert, 136 S., 146 s/w-Zeichnungen, 166 Aufgaben, kart. ●●

Richtige Groß- und Kleinschreibung
durch neue, vereinfachte Regeln. Erläuterungen der Zweifelsfragen anhand vieler Beispiele. (**0897**-X) Von Prof. Dr. Ch. Stetter, 96 S., kart. ●

Gutes Deutsch schreiben und sprechen
(**4432**-1) Von W. Manekeller, Dr. G. Reinert-Schneider, 416 S., durchgehend zweifarbig, Pappband. ●●●●

Deutsche Grammatik
Ein Lern- und Übungsbuch. (**0704**-3) Von K. Schreiner, 112 S., kart. ●

Mehr Erfolg in der Schule
Deutsche Rechtschreibung und Grammatik
Übungen und Beispiele für die Klassen 5–10. (**4407**-0) Von K. Schreiner, 256 S., durchgehend zweifarbig, Pappband. ●●●

Richtiges Deutsch
Rechtschreibung · Zeichensetzung · Grammatik · Stilkunde. (**0551**-2) Von K. Schreiner, 128 S., 7 Zeichnungen, kart. ●

Mehr Erfolg in der Schule
Der Deutschaufsatz
Übungen und Beispiele für die Klassen 5–10. (**4271**-X) Von K. Schreiner, 240 S., 4 s/w-Fotos, 51 Zeichnungen, Pappband. ●●●

Aufsätze besser schreiben
Förderkurs für die Klassen 4–10. (**0429**-X) Von K. Schreiner, 144 S., 4 s/w-Fotos, 27 Zeichnungen, kart. ●●

Mehr Erfolg in Schule und Beruf
Besseres Deutsch
Mit Übungen und Beispielen für Rechtschreibung, Diktate, Zeichensetzung, Aufsätze, Grammatik, Literaturbetrachtung, Stil, Briefe, Fremdwörter, Reden. (**4115**-2) Von K. Schreiner, 444 S., 7 s/w-Fotos, 27 Zeichnungen, Pappband. ●●●

Richtige Zeichensetzung
durch neue, vereinfachte Regeln. Erläuterungen der Zweifelsfragen anhand vieler Beispiele. (**0744**-4) Von Prof. Dr. Ch. Stetter, 160 S., kart. ●

Diktate besser schreiben
Übungen zur Rechtschreibung für die Klasse 4–8. (**0469**-9) Von K. Schreiner, 152 S., 31 Zeichnungen, kart. ●

Besseres Englisch
Grammatik und Übungen für die Klassen 5 bis 10. (**0745**-0) Von E. Henrichs, 144 S., kart. ●●

Mehr Erfolg in der Schule
Englische Grammatik
Regeln und Übungen für die Klassen 5 bis 13 (**4431**-3) Von E. Heinrichs-Kleinen, 256 S., durchgehend zweifarbig, Pappband. ●●●

FALKEN-Software
The Grammar-Master
Englische Grammatik üben und beherrschen (**7002**-0) Diskette für den C 64/C 128 PC ●●●●*

Konvertierungen:
(**7030**-6) Diskette für IBM PC + Kompatible, mit Begleitheft. ●●●●●*
(**7031**-4) Diskette für Atari ST 520/1040, mit Begleitheft. ●●●●●*
(**7032**-2) Diskette für Amiga, mit Begleitheft. ●●●●●*

FALKEN-Software
Take a Trip to Britain
(**7004**-7) Von reLine, Diskette für C 64/C 128 PC, mit Begleitheft. ●●●●*

Konvertierungen:
(**7039**-X) Diskette 5 1/4'' für IBM PC + Kompatible, mit Begleitheft. ●●●●●*

FALKEN-Software
Vokabeltrainer Englisch
Von B. Hoppius. (**7001**-2) 2 Disketten für C 64/C 128 PC, mit Begleitheft. ●●●●●*
(**7007**-1) Wendediskette für Atari ST 520/1040, mit Begleitheft. ●●●●●*

FALKEN-Software
Vokabel Trainer Französisch
Über 2000 Vokabeln und Redewendungen (**7018**-7) Systemdiskette u. Wendediskette für C 64/C 128 PC, mit Begleitheft, (**7019**-5) Diskette für IBM-PC und Komp., mit Begleitheft. ●●●●●

FALKEN-Software
Bon voyage
Spielend Französisch lernen mit dem Computer
(**7036**-5) Diskette für IBM PC + Kompatible, mit Begleitheft. ●●●●●*

Konvertierungen:
(**7042**-X) Diskette für Atari ST 520/1040, mit Begleitheft. ●●●●●*
(**7043**-8) Diskette für Amiga, mit Begleitheft. ●●●●●*

FALKEN-Software
Vokabel Trainer Latein
(**7022**-5) Von B. Hoppius, Wendediskette für C 64/C 128 PC, mit Begleitheft. ●●●●●

Konvertierungen:
(**7033**-0) Diskette für IBM PC + Kompatible, mit Begleitheft. ●●●●●*

Schnell und sicher zum Führerschein
Tips und Tricks aus 30jähriger-Fahrschul-Praxis. (**0921**-6) Von O. Einert, 152 S., 156 Farbfotos, 161 z.T. farb. Zeichnungen, kart. ●●

FALKEN-Software
Schnell und sicher zum Führerschein
Intensivtraining mit dem amtlichen Fragenkatalog
(**7011**-X) Diskette für C 64/C 128 PC, mit Begleitheft und Fragenkatalog. ●●●●●*

Konvertierungen:
(**7024**-1) Diskette für Atari ST 520/1040, mit Begleitheft. ●●●●●*
(**7029**-2) Diskette für Amiga, mit Begleitheft. ●●●●●*

Die neue Lebenshilfe **Biorhythmik**
Höhen und Tiefen der persönlichen Lebenskurven vorausberechnen und danach handeln. (**0458**-3) Von W. A. Appel, 157 S., 63 Zeichnungen, Pappband. ●●

Wie Sie im Schlaf das Leben meistern
Schöpferisch träumen
Der Klartraum als Lebenshilfe
(**4258**-2) Von Prof. D. P. Tholey, K. Utecht. 280 S., 1 s/w-Foto, 20 Zeichn., Pbd. ●●●

Falken-Handbuch **Astrologie**
Charakterkunde · Schicksal · Liebe und Beruf · Berechnung und Deutung von Horoskopen · Aszendenttabelle. (**4068**-7) Von B.A. Mertz, 342 S., mit 60 erläuternden Grafiken, Pappband. ●●●

Wahrsagen mit Tarot-Karten
(**0482**-6) Von E.J. Nigg, 112 S., 4 Farbtafeln, 52 s/w-Abb., Pappband. ●

Selbst wahrsagen mit Karten
Die Zukunft in Liebe, Beruf und Finanzen (**0404**-4) Von R. Koch, 80 S., 252 Abb., Pappband. ●

Die 12 Tierzeichen
Chinesisches Horoskop
(**0423**-0) Von G. Haddenbach, 128 S., Pappb. ●

Die 12 Sternzeichen
Charakter, Liebe und Schicksal. (**0385**-4) Von G. Haddenbach, 136 S., kart. ●●

Partnerschaftshoroskop
Glück und Harmonie mit Ihrem Traumpartner. (**0587**-3) Von G. Haddenbach, 112 S., 11 Zeichnungen, kart. ●

Sternstunden
für Liebe, Glück und Geld, Berufserfolg und Gesundheit. Das ganz persönliche Mitbringsel für **Widder** (**0621**-7), **Stier** (**0622**-5), **Zwillinge** (**0623**-3), **Krebs** (**0624**-1), **Löwe** (**0625**-7), **Jungfrau** (**0626**-8), **Waage** (**0627**-6), **Skorpion** (**0628**-4), **Schütze** (**0629**-2), **Steinbock** (**0630**-6), **Wassermann** (**0631**-4), **Fische** (**0632**-2) Von L. Cancer, 62 S., durchgehend farbig, Zeichnungen, Pappband. ●

Im Zeichen der Sterne
(**0951**-8) Der feurige Widder
(**0952**-6) Der willensstarke Stier
(**0953**-4) Die vielseitigen Zwillinge
(**0954**-2) Der feinfühlige Krebs
(**0955**-0) Der königliche Löwe
(**0956**-9) Die zuverlässige Jungfrau
(**0957**-7) Die charmante Waage
(**0958**-5) Der leidenschaftliche Skorpion
(**0959**-3) Der temperamentvolle Schütze
(**0960**-7) Der treue Steinbock
(**0961**-5) Der selbstbewußte Wassermann
(**0962**-3) Die romantischen Fische
Von G. Haddenbach, 64 S., 35 Farbfotos, Pappband. ●

Humor und Unterhaltung

Heitere Vorträge
(**0528**-8) Von E. Müller, 128 S., 14 Zeichnungen, kart. ●

So feiert man Feste fröhlicher
Heitere Vorträge und Gedichte
(**0098**-7) Von Dr. Allos, 96 S., 15 Abb., kart. ●

Heitere Vorträge und witzige Reden
Lachen, Witz und gute Laune
(**0149**-5) Von E. Müller, 104 S., 44 Abb., kart. ●

Lustige Vorträge für fröhliche Feiern
(**0284**-X) Von K. Lehnhoff, 96 S., kart. ●

Da lacht das Publikum
Neue lustige Vorträge für viele Gelegenheiten. (**0716**-7) Von H. Schmalenbach, 96 S., kart. ●

Humor und Stimmung
Ein heiteres Vortragsbuch
(**0460**-5) Von G. Wagner, 112 S., kart. ●

Gereimte Vorträge
für Bühne und Bütt. (**0567**-9) Von G. Wagner, 96 S., kart. ●

Narren in der Bütt
Leckerbissen aus dem rheinischen Karneval (**0216**-5) Zusammengestellt von T. Lücker, 112 S., kart. ●

Damen in der Bütt
Scherze, Büttenreden, Sketche
(**0354**-4) Von T. Müller, 136 S., kart. ●

Rings um den Karneval
Karnevalsscherze und Büttenreden
(**0130**-4) Von Dr. Allos, 144 S., 2 Zeichnungen, kart. ●●

Wir feiern Karneval
Festgestaltung und Reden für die närrische Zeit. (**0904**-6) Von M. Zweigler, 120 S., 7 Zeichnungen, kart. ●

Helau und Alaaf 1 Närrisches aus der Bütt
(**0304**-8) Von E. Müller, 112 S., 4 Zeichnungen, kart. ●

Helau und Alaaf 2
Neue Büttenreden für Sie und Ihn
(**0477**-X) Von E. Luft, 96 S., kart. ●

Helau und Alaaf 3
Neue Reden für die Bütt. (**0832**-5) Von H. Fauser, 112 S., 13 Zeichnungen, kart. ●

Helau und Alaaf 4
Neue Büttenreden für Sie und Ihn (**0983**-6) Hrsg. H. Fauser, 96 S., 15 s/w-Zeichn., zahlreiche Vignetten, kart. ●

Locker vom Hocker
Witzige Sketche zum Nachspielen (**4262**-0) Von W. Giller, 144 S., 41 Zeichnungen, Pappband. ●●

Sketche und Blackouts zum Nachspielen
(**0941**-0) Von E. Cohrs, 112 S., 12 Zeichnungen, kart. ●

Sketche und spielbare Witze
für bunte Abende und andere Feste. (**0445**-1) Von H. Friedrich, 112 S., 7 Zeichnungen, kart. ●

Sketche
Kurzspiele zu amüsanter Unterhaltung. (**0247**-5) Von M. Gering, 96 S., 4 s/w-Zeichnungen, kart., ●

Vorhang auf!
Neue Sketche für jung und alt. (**0898**-8) Von H. Pillau, 96 S., 22 Zeichnungen, kart. ●

Witzige Sketche zum Nachspielen
(**0511**-3) Von D. Hallervorden, 112 S., kart. ●●

Tolle Sketche
mit zündenden Pointen – zum Nachspielen. (**0656**-X) Von E. Cohrs, 112 S., kart. ●

Vergnügliche Sketche
(**0476**-1) Von H. Pillau, 96 S., 7 Zeichn., kart. ●

Lustige Sketche
Kurze Theaterstücke für Jungen und Mädchen
(**0669**-1) Von U. Lietz, U. Lange, 96 S., kart. ●

Spielbare Witze für Kinder
(**0824**-4) Von H. Schmalenbach, 112 S., 30 Zeichnungen, kart. ●

Witze
Lachen am laufenden Band (**4241**-8) Von J. Burkert, D. Kroppach; 400 S., 41 Zeichnungen, Pappband. ●●

Die besten Kalauer
(**0705**-1) Von K. Frank, 112 S., 12 Zeichnungen, kart. ●

Die besten Beamtenwitze
(**0574**-1) Von W. Pröve, 80 S., 39 Zeichnungen, kart. ●

O frivol ist mir am Abend
Pikante Witze von Fred Metzler. (**0388**-9) Von F. Metzler, 128 S., mit Karikaturen, kart. ●

Fips Asmussens Witze
am laufenden Band
(**0461**-3) 96 S., kart. ●

Spaßvögel
Über sexhundert komische Nummern (**0888**-0) Von E. Zeller, mit Limericks Von W. Müller, 220 S., 200 Vignetten, kart. ●

Heller Wahnwitz
(**0887**-2) Von D. Kroppach, 220 S., 200 Vignetten, kart. ●

Die Kleidermotte ernährt sich von nichts, sie frißt nur Löcher
Stilblüten, Sprüche und Widersprüche aus Schule, Zeitung, Rundfunk und Fernsehen. (**0738**-8) Von P. Haas, D. Kroppach, 112 S., zahlreiche Abb. kart. ●

Witzig, witzig
(**0507**-5) Von E. Müller, 128 S., 16 Zeichnungen, kart. ●

Die besten Kinderwitze
(**0757**-4) Von K. Rank, 112 S., 28 Zeichnungen, kart. ●

Ich lach mich kaputt!
Die besten Kinderwitze
(**0545**-8) Von E. Hannemann, 96 S., 10 Zeichnungen, kart. ●

Lach mit!
Witze für Kinder, gesammelt von Kindern. (**0468**-0) Von W. Pröve, 96 S., 17 Zeichnungen, kart. ●

Die besten Kurzgeschichten von Mark Twain
(**4458**-5) Ausgewählt von D. Zimmer, 128 S., Pappband. ●

Kritik des Herzens
Heiter-besinnliche Verse von Wilhelm Busch
(**4459**-3) Herausgegeben von D. Zimmer, 96 S., Pappband. ●

Die schönsten Galgenlieder von Christian Morgenstern
(**4460**-7) Ausgewählt von D. Zimmer, 128 S., Pappband. ●

Scherz und Satire von Roda Roda
(**4462**-3) Ausgewählt von D. Zimmer, 112 S., Pappband. ●

Beliebte Autoren des 19. Jahrhunderts
Englischer Humor
(**4463**-1) Ausgewählt von D. Zimmer, 112 S., Pappband. ●

Spiele und Denksport

Neues Buch der siebzehn und vier Kartenspiele
(**0095**-2) Von K. Lichtwitz, 96 S., kart. ●

Alles über Pokern
Regeln und Tricks. (**2024**-4) Von C.D. Grupp, 112 S., 29 Kartenbilder, kart. ●

Rommé und Canasta
in allen Variationen. (**2025**-2) Von C.D. Grupp, 88 S., 24 Zeichnungen, kart. ●

Doppelkopf, Schafkopf, Binokel, Cego, Tarock und andere Stammtischspiele. (**2015**-5) Von C.D. Grupp, 112 S., kart. ●

Black Jack
Regeln und Strategien des Kasinospiels. (**2032**-3) Von K. Kelbratowski, 88 S., kart. ●

Spielend Skat lernen
unter freundlicher Mitarbeit des Deutschen Skatverbandes. (**2005**-8) Von Th. Krüger, 120 S., 181 s/w-Fotos, 22 Zeichn., kart. ●

Falken-Handbuch **Patiencen**
Die 111 interessantesten Auslagen (**4151**-9) Von U.v.Lyncker, 216 S., 108 Abbildungen, Pappband. ●●●

Patiencen
in Wort und Bild. (**2003**-1) Von I. Wolter-Rosendorf, 120 S., kart. ●

Neue Patiencen
(**2036**-8) Von H. Sosna, 160 S., 43 Farbtafeln, kart. ●●

Falken-Handbuch **Bridge**
Von den Grundregeln zum Turnierspiel (**4092**-X) Von W. Voigt und K. Ritz, 280 S., 792 Zeichnungen, gebunden. ●●●●

Spielend Bridge lernen
(**2012**-0) Von J. Weiss, 96 S., 58 Zeichnungen, kart. ●

Präzisions-Treff im Bridge
(**2037**-6) Von E. Jannersten, 152 S., kart. ●●

Spieltechnik im Bridge
(**2004**-X) Von V. Mollo und N. Gardener, deutsche Adaption Von D. Schröder, 152 S., kart. ●●●

Besser Bridge spielen
Reiztechnik, Spielverlauf und Gegenspiel. (**2026**-0) Von J. Weiss, 144 S., 60 Diagramme, kart. ●●

Kartentricks
(**2010**-4) Von T.A. Rosee, 80 S., 13 Zeichnungen, kart. ●

Neue Kartentricks
(**2027**-9) Von K. Pankow, 104 S., 20 Abb., kart. ●

Das japanische Brettspiel Go
(**2020**-1) Von W. Dörholt, 104 S., 182 Diagramme, kart. ●

Mah-Jongg
Das chinesische Glücks-, Kombinations- und Gesellschaftsspiel. (**2030**-9) Von U. Eschenbach, 80 S., 30 s/w-Fotos, 5 Zeichn., kart. ●

Backgammon
für Anfänger und Könner. (**2008**-2) Von G.W. Fink und G. Fuchs, 104 S., 41 Abb., kart. ●

Das Backgammon-Handbuch
(**4422**-4) Von E. Heyken, M.B. Fischer, 232 S., 400 Abbildungen, Pappband. ●●●●

Würfelspiele
für jung und alt. (**2007**-4) Von F. Pruss, 112 S., 21 s/w-Zeichnungen, kart. ●

Roulette richtig gespielt
Systemspiele, die Vermögen brachten (**0121**-5) Von M. Jung, 96 S., zahlreiche Tabellen, kart. ●

Gesellschaftsspiele
für drinnen und draußen. (**2006**-6) Von H. Görz, 112 S., kart. ●

Spiele für Party und Familie
(**2014**-7) Von Rudi Carrell, 80 S., 22 Zeichnungen kart. ●

Neue Spiele für ihre Party
(**2022**-8) Von G. Blechner, 112 S., 54 Zeichnungen, kart. ●

Lustige Tanzspiele und Scherztänze
für Partys und Feste. (**0165**-7) Von E. Bäulke, 80 S., 53 Abb. kart. ●

Das Spiel mit der Schwerkraft
Jonglieren
mit Bällen, Keulen, Ringen und Diabolo (**1009**-5) Von S. Peter, 80 S., 149 Farbfotos, kartoniert. ●●

Magische Zaubereien
(**0672**-1) Von W. Widenmann, 64 S., 31 Zeichnungen, kart. ●

Zaubertricks für Anfänger und Fortgeschrittene
(**0282**-3) Von J. Merlin, 160 S., 113 Abb., kart. ●●

Zaubern
einfach – aber verblüffend. (**2018**-X) Von D. Bouch, 84 S., 41 Zeichnungen, kart. ●

Scherzfragen, Drudel und Blödeleien
gesammelt von Kindern. (**0506**-7) Hrsg. von W. Pröve, 80 S., 57 Zeichnungen, kart. ●

Kinderspiele
die Spaß machen. (**2009**-0) Von H. Müller-Stein, 104 S., 28 Abb., kart. ●

Kinderspiele mit Buchstaben und Wörtern
(**1041**-9) Von Dr. U. Vohland, 96 S., 53 Zeichnungen, kartoniert. ●

Spiele für Kleinkinder
(**2011**-2) Von D. Kellermann, 80 S., 23 Abb., kart. ●

Spiel und Spaß am Krankenbett
für Kinder und die ganze Familie. (**2035**-X) Von H. Bücken, 96 S., 97 Zeichnungen, kart. ●

Spiele im Freien
(**2038**-4) Von G. Wagner, 88 S., 20 zweif. Zeichnungen, kartoniert. ●

Guten Tag, Kinder!
Neue Texte mit Spielanleitungen fürs Kasperletheater. (**0861**-9) Von U. Lietz, 96 S., 18 s/w-Zeichnungen, kart. ●

Kasperletheater
Spieltexte und Spielanleitungen · Basteltips für Theater und Puppen. (**0641**-1) Von U. Lietz, 114 S., 4 Farbtafeln, 12 s/w-Fotos, 39 Zeichnungen, kart. ●

Kindergeburtstage, die keiner vergißt
Planung, Gestaltung, Spielvorschläge. (**0698**-5) Von G. und G. Zimmermann, 104 S., 80 Vignetten, kart. ●

Kindergeburtstag
Vorbereitung, Spiel und Spaß. (**0287**-4) Von Dr. I. Obrig, 136 S., 40 Abb., 11 Zeichnungen, 9 Lieder mit Noten, kart. ●

Knobeleien und Denksport
(**2019**-8) Von K. Rechberger, 142 S., 105 Zeichnungen, kart. ●

Das Super-Kreuzwort-Rätsel-Lexikon
Über 150.000 Begriffe. (**4279**-5) Von H. Schiefelbein, 688 S., Pappband. ●●

Riesen-Kreuzwort-Rätsel-Lexikon
über 250.000 Begriffe. (**4197**-7) Von H. Schiefelbein, 1024 S., Pappband. ●●●

Computerbücher und Software

FALKEN Computer Lexikon
(**4185**-3) 312 S., 173 s/w-Fotos, Pbd. ●●●

Computer-Grundwissen
Eine Einführung in Funktion und Einsatzmöglichkeiten. (**4302**-3) Von W. Bauer, 176 Seiten, 193 Farb- und 12 s/w-Fotos, 37 Computergrafiken, kart. ●●● (4301) Pbd. ●●●●

Grundwissen Informationsverarbeitung
(**4314**-7) Von H. Schiro, 312 S., 59 s/w-Fotos, 133 s/w-Zeichnungen, Pappband. ●●●●●

Computergrafik
Von den Grundlagen bis zum perfekten 3 D-Programm. (**4319**-8) Von A. Brück, 296 S., 20 Farbtafeln, 180 s/w-Grafiken, 50 s/w- Zeichn., 83 Listings, Pappband. ●●●●●

Daten-Fernübertragung
Vom Akustikkoppler bis zum lokalen Netzwerk
(**4325**-2) Von P.C. den Heijer, R. Tolsma, ca. 288 S., zahlreiche Abb., kartoniert. ●●●●●

Microsoft Excel
Tabellenkalkulationen, Geschäftsgrafik und Datenbank im Selbststudium für alle Versionen bis 2.1. Mit Tutor-Diskette.
(**4333**-3) Von P. Vogel, M. Hofmann, 176 S., 112 zweifarbige Abb., kartoniert. ●●●●●

Microsoft Word
Textverarbeitung, MailMerge und Desktop Publishing im Selbststudium
Für alle Versionen bis 4.0
(**4328**-7) Von A. Görgens, 160 S., 120 Abbildungen, kart. ●●●●

dBASE III PLUS dBASE IV
Der einfache Weg zur individuell programmierten Datenbank
Mit Tutor-Diskette
(**4326**-0) Von P. Vogel, Th. Kregeloh, M. Hofmann, 272 S., 63 Abb., kart. ●●●●●

Open Access II
Textverarbeitung, Kalkulation und Datenverarbeitung im Selbststudium
(**4327**-9) Von A. Görgens, 184 S., 108 Abbildungen, kart. ●●●●

Desktop Publishing
Setzen und Drucken auf dem Schreibtisch. (**4323**-6) Von A. Görgens, 120 S., 11 s/w-Fotos, 72 Zeichnungen, kart. ●●●

Garantiert BASIC lernen mit dem C 128
Mit kompletter Kurs-Diskette
(**4321**-X) Von A. Görgens, 288 S., 4 s/w-Fotos, 83 Zeichnungen, kart. ●●●●●

WordStar Praxis professionell
Für die Versionen 3.4/3.45/4.0
Erweiterungen · Praxis-Tips · Datenaustausch · Desktop Publishing. (**4324**-4) Von A. Görgens, 172 S., 2 s/w-Fotos, 2 s/w- Zeichnungen, 116 s/w-Grafiken, kart. ●●●●

Desktop Publishing: Typographie und Layout
Seiten gestalten am PC. Für Einsteiger und Profis
(**4330**-9) Von Dr. H. D. Baumann, M. Klein, ca. 280 S., zahlreiche zweifarbige Abb., Pappband. ●●●●●

Einführung in Pascal
Garantiert Pascal lernen durch schrittweise Erarbeitung
(**4329**-5) Von R. Röder, ca. 160 S., durchgehend zweifarbig, kartoniert. ●●●●

Heimcomputer-Bastelkiste
Messen, Steuern, Regeln mit C 64-, Apple II-. MSX-, TANDY-, MC-, Atari- und Sinclair-Computern. (**4309**-0) Von G.A. Karl, 256 S., 160 Zeichnungen, kart. ●●●●

Schach mit dem Computer
(**0747**-7) Von D. Frickenschmidt, 140 S., 112 Diagramme, 29 s/w-Fotos, 5 Zeichnungen, kart. ●●

Einstellungstests
Die optimale Vorbereitung für Bewerber
(**7013**-6) Wendediskette für C 64/C 128 PC, mit Begleitheft. ●●●●*

Ego-Tests
Sich und andere besser erkennen und verstehen
(**7012**-8) Diskette für IBM PC und kompatible (MS DOS), mit Begleitheft. ●●●●●*

Schnell und sicher zum
Führerschein
Intensivtraining mit dem amtlichen Fragenkatalog
(**7011**-X) Wendediskette für C 64/C 128 PC, mit Begleitheft und Fragenkatalog.
(**7024**-1) für Atari ST 520/1040, mit Begleitheft,
(**7029**-2) für Amiga, mit Begleitheft ●●●●●*

Maschinenschreiben
In 10 Tagen spielend gelernt
IBM PC und Kompatible
(**7008**-X) Disk. für C 64/C 128 PC, ●●●●*

Maschinenschreiben und Tastaturtraining für Computer
(**7009**-8) Von B. Hoppius, Diskette 5 1/4'' u. 3 1/2'' für IBM PC + Kompatible, mit Begleitheft. ●●●●●*

Das komplette Schachprogramm
(**7006**-3) Diskette für C 64/C 128 PC, mit Begleitheft ●●●●●*

Zug um Zug Schach für jedermann 1
Offizielle Schach-Lernsoftware des Deutschen Schachbundes zur Erringung des Bauerndiploms
(**7015**-2) Diskette für C 64/C 128 PC mit Begleitheft,
(**7005**-1) Diskette für Atari ST 520/1040, mit Begleitheft. ●●●●●*

TEXAD
Text- und Adressenverwaltung
Mit Musterbriefen und Formularen für den privaten und geschäftlichen Bereich
(**7017**-9) für IBM-PC und Kompatible, Disk. 5 1/4'', mit Begleitheft. Einführungspreis bis 11.10.90 **DM 198,–;** S 1980,–; Fr 193.30, danach **DM 258,–;** S 2580,–; Fr 251.70.
(**7048**-9) Diskette 3 1/2'', mit Handbuch. ●●●●●*
(**7049**-7) Demo-Version 5 1/4'', o. Handbuch. ●●*
(**7050**-0) Demo-Version 3 1/2'', o. Handbuch. ●●*

DOS-Tutor
DOS lernen, üben und beherrschen
(**7020**-9) Diskette 5 1/4'' für IBM PC + Kompatible, mit Begleitheft. ●●●●●*
(**7021**-7) Diskette 3 1/2'' für IBM PC + Kompatible, mit Begleitheft. ●●●●●*

Wirtschaftsrechnen in Beruf und Alltag
(**7037**-3) Diskette für IBM PC + Kompatible, mit Begleitheft. ●●●●●

Vokabeltrainer Englisch
Über 2000 Vokabeln und Redewendungen
(**7001**-2) 2 Disk. für C 64/C 128 PC, mit Begleitheft
(**7007**-1) Disk. für Atari ST 520/1040, mit Begleitheft. ●●●●●*

Take a Trip to Britain
Spielend Englisch lernen mit dem Computer
(**7004**-7) Diskette für C 64/C 128 PC, mit Begleitheft. ●●●●*
(**7039**-X) Diskette 5 1/4'' für IBM PC + Kompatible, mit Begleitheft. ●●●●●*

The Grammar Master
(**7002**-0) Diskette für C 64/C 128 PC, mit Begleitheft. ●●●●*
(**7030**-6) für IBM-PC + Kompatible, mit Begleitheft, ●●●●●*
(**7031**-4) für Atari ST 520/1040 mit Begleitheft, ●●●●●*
(**7032**-2) für Amiga, mit Begleitheft. ●●●●●*

Vokabeltrainer Französisch
Über 2000 Vokabeln und Redewendungen
(**7018**-7) Systemdisk. + Wendedisk. f. C 64/C 128 PC, mit Begleitheft, (**7019**-5) Disk. für IBM-PC und Kompatible, mit Begleitheft. ●●●●●*

Bon voyage
Spielend Französisch lernen mit dem Computer
(**7036**-5) Diskette für IBM PC + Kompatible, mit Begleitheft. ●●●●●*

Vokabeltrainer Latein
Über 2000 Vokabeln und Redewendungen frei erweiterbar
(**7022**-5) Von B. Hoppius, 2 Wendedisketten für C 64/C 128 PC, mit Begleitheft.
(**7033**-0) Diskette für IBM PC + Kompatible, mit Begleitheft. ●●●●●*

Börsenfieber
Spielend spekulieren mit Geld und Aktien
(**7016**-0) Für IBM-PC und Kompatible, Diskette 5 1/4'', mit Begleitheft.
(**7026**-8) für C 64/C 128 PC, mit Begleitheft,
(**7027**-6) für Atari ST 520/1040, mit Begleitheft,
(**7028**-4) für Amiga, mit Begleitheft. ●●●●●*
(**7044**-6) für IBM PC + Kompatible, Diskette 3 1/2'', mit Begleitheft. ●●●●●*
(**7038**-1) für C 64/128 C Kassette, mit Begleitheft. ●●●●*

Video

Kochschule mit Paul Bocuse
Der Meisterkoch verrät die Geheimnisse der französischen Küche
(**6016**-5) VHS, 60 Min., in Farbe, mit Begleitheft. ●●●●●*

Hobby Aquarellmalen
Landschaft und Stilleben
(**6022**-X) VHS, 40 Min., in Farbe, mit Begleitheft. ●●●●*

Hobby Ölmalerei
Landschaft und Stilleben
(**6025**-4) VHS, 40 Min., in Farbe, mit Begleitheft. ●●●●*

Perfekt Stricken
Neue Techniken Schritt für Schritt
(**6007**-6) VHS, 51 Min., in Farbe, mit Begleitheft. ●●●●*

Hobby Salzteig
Rezepte/Techniken/Modelle
(**6010**-6) VHS, 35 Min., in Farbe, mit Begleitheft. ●●●*

Basteln mit Kindern
(**6041**-6) VHS, 60 Min., in Farbe, mit Vorlagen in Originalgröße, mit Begleitheft. ●●●*

Die Modelleisenbahn
Anlagenbau in Modultechnik
(**6028**-9) VHS, 30 Min., in Farbe. ●●●●*

Karate
Einführung und Grundtechniken
(**6037**-8) VHS, 45 Min., in Farbe, mit Begleitheft. ●●●●*

Fit und Gesund
Körpertraining und Bodybuilding zu Hause
(**6013**-0) VHS, 30 Min., in Farbe, mit Begleitheft. ●●●●*

Pflanzenjournal
Blumen- und Pflanzenpflege im Jahreslauf
(**6036**-X) VHS, 30 Min., mit Begleitheft. ●●●●*

Schnitt und Pflege von Bäumen und Sträuchern
(**6050**-5) VHS, 45 Min., in Farbe, mit Begleitheft. ●●●●*

Aktfotografie
Gestaltung/Technik/Spezialeffekte
Interpretationen zu einem unerschöpflichen Thema
(**6001**-7) VHS, 60 Min., in Farbe, mit Begleitheft. ●●●●●*

Golf
(**6053**-X) VHS, 60 Min., in Farbe, mit Begleitheft. ●●●●●*

TELE-SKI
Skigymnastik perfekt
(**6052**-1) VHS, 60 Min., in Farbe, mit Begleitheft. ●●●●●*

Internationale Deutsche Rallye-Meisterschaft '89
(**6045**-8) VHS, 60 Min., in Farbe, mit Begleitheft. ●●●●*

Videografieren
Technik/Bildgestaltung/Schnitt/Vertonung
Filmen mit Video 8
(**6031**-9) VHS,
(**6033**-5) Beta, (**6034**-3) Video 8,
60 Min., in Farbe, mit Begleitheft. ●●●●●*

Videografieren perfekt
Profitricks für Aufnahmetechnik und Nachbearbeitung
(**6042**-4) VHS, (**6043**-2) Beta, (**6044**-4) Video 8, 60 Min., in Farbe, mit Begleitheft. ●●●●●*

Streicheleinheiten für Körper und Seele
Körper Massage
(**6051**-3) VHS, 45 Min., in Farbe, mit Begleitheft. ●●●●●*

Reiseziel **New York**
Die schönsten Sehenswürdigkeiten, präzise Informationen, praktische Tips
(**6048**-3) VHS, 60 Min., in Farbe, mit Begleitbroschüre. ●●●●●*

Reiseziel **Kalifornien**
San Franzisko und die schönsten Ziele in Kalifornien.
Präzise Informationen und praktische Tips
(**6049**-1) VHS, 60 Min., in Farbe, mit Begleitbroschüre. ●●●●●*

Reiseziel **Florida**
(**6054**-8) VHS, 60 Min., in Farbe, mit Begleitheft. ●●●●●*

Reiseziel **USA**
(**6055**-6) VHS, 60 Min., in Farbe, mit Begleitheft. ●●●●●*

Reiseziel **Irland**
(**6059**-9) VHS, 60 Min., in Farbe, mit Begleitheft. ●●●●●*

Reiseziel **DDR**
(**6061**-0) VHS, 60 Min., in Farbe, mit Begleitheft. ●●●●●*

Info-Tour USA
Die Highlights aus dem FALKEN Reiseprogramm
(**6060**--2) VHS, 30 Min., in Farbe, mit Begleitheft. ●

Gesund durch Gedankenenergie
Heilung im gemeinsamen Kraftfeld
(**6035**-1) VHS, 45 Min., in Farbe, mit Begleitheft. ●●●●●*

Körpersprache
verstehen und deuten
(**6046**-7) VHS, 60 Min., in Farbe, mit Begleitheft. ●●●●●*

Das erfolgreiche Vorstellungsgespräch
(**6047**-5) VHS, 60 Min., in Farbe, mit Begleitheft. ●●●●●*

Bestellschein

Erfüllungsort und Gerichtsstand für Vollkaufleute ist der jeweilige Sitz der Lieferfirma. Für alle übrigen Kunden gilt dieser Gerichtsstand für das Mahnverfahren. Falls durch besondere Umstände Preisänderungen notwendig werden, erfolgt Auftragserledigung zu dem bei der Lieferung gültigen Preis.

Ich bestelle hiermit aus dem Falken-Verlag GmbH, Postfach 11 20, D-6272 Niedernhausen/Ts., durch die Buchhandlung:

Ex.

Ex.

Ex.

Ex.

Name: Datum:

Straße:

Ort: Unterschrift:

Die hier vorgestellten Bücher, Videokassetten und Software sind in folgende Preisgruppen unterteilt:

● Preisgruppe bis DM 10,–/S 79,–/SFr.10
●● Preisgruppe über DM 10,– bis DM 20,–, S 80,– bis S 160,–, SFr. 10,– bis SFr. 20,–
●●● Preisgruppe über DM 20,– bis DM 30,–, S 161,– bis S 240,–, SFr. 20,– bis SFr. 29,–
●●●● Preisgruppe über DM 30,– bis DM 50,–, S 241,– bis S 400,–, SFr. 29,– bis SFr. 48,–
●●●●● Preisgruppe über DM 50,–/S 401,–/SFr.48,–
*(unverbindliche Preisempfehlung)

Die Preise entsprechen dem Status beim Druck dieses Verzeichnisses (s. Seite 1) – Änderungen, im besonderen der Preise, vorbehalten –